ENRUTAMIENTO Y CONMUTACIÓN
CCNA

Enrutamiento y conmutación
esencial para principiantes

Ethan Thorpe

Table of Contents

Introducción

Quiero agradecerte por elegir este libro, "CCNA enrutamiento y conmutación -enrutamiento y conmutación esenciales para principiantes". Si eres alguien que trabaja en la industria de TI, definitivamente habrás desarrollado un poco de amor por la era digital. También te hubiera interesado aprender más sobre las redes. La red informática mundial ha cambiado la forma en que opera el mundo y la mejor parte es que está disponible para nosotros con solo hacer clic en un botón. Con el advenimiento de la tecnología, existe la necesidad de producir, cargar, transmitir y descargar los datos necesarios de Internet, y esto se ha convertido en algo que cada persona hace. Entonces, ¿sabes cómo funciona esto? La mayoría de la gente usa esta tecnología regularmente, pero muy pocos saben cómo funciona el proceso. Hay algunos que quieren aprender más sobre el proceso, pero prefieren sentarse en segundo plano y seguir usando Internet.

Lo mejor de estos usuarios es que no solo estudian el proceso, sino que también dedican un tiempo a construir esta red para usted. Funcionan en algunos productos intrínsecos que le encantaría usar. Puede centrarse en utilizar diferentes productos como Google,

YouTube, etc., mientras que los profesionales de redes y software trabajan para mejorar sus experiencias.

Hay momentos en los que puede haberse preguntado cómo funcionan y trabajan algunas plataformas con grandes volúmenes de datos. Esto es posible gracias a estos profesionales de redes y software. Trabajan en la creación de redes, conexiones y servidores que nos ayudarán a almacenar nuestros datos con facilidad.

 Suena muy simple, pero es todo menos eso. Estos profesionales se esfuerzan mucho por mejorar los diferentes procesos. La industria de TI en los Estados Unidos ocupa un lugar valioso en la contribución del PIB de la nación. De los $ 3.8 billones del PIB de EE. UU., El sector de TI representa $ 1.4 billones y proporciona más de 105 millones de empleos en el país. El sector de TI ha contribuido con un enorme crecimiento del 14,6% en el PIB desde el año 2014. Es cierto que Estados Unidos está a la cabeza en comparación con otros países en la creación y el suministro del hardware y software más avanzado de todo el mundo.

El rol de un ingeniero de redes es el rol más buscado en la industria de TI. Un ingeniero de redes es responsable de instalar, respaldar y administrar la red y los sistemas informáticos que mantienen la información en funcionamiento. También juegan un papel crucial en el diseño, implementación y mantenimiento de soluciones de hardware y software de red y también en la resolución de problemas que surgen en la instalación y mantenimiento de la red. También garantizan la seguridad de la red y ayudan a mantener los estándares de rendimiento en la organización.

Los tiempos económicos cambiantes están creando un desafío para las organizaciones, ya que cada organización trabaja para tratar de retener a sus empleados o quiere contratar nuevos ingenieros de redes que puedan mantener y optimizar los sistemas existentes. Estas personas también trabajarán para reducir costos, aumentando así la productividad de los empleados de la empresa.

Una empresa siempre intentará fortalecer, mejorar o identificar su ventaja competitiva, y lo hace mediante la implementación de nuevas tecnologías de red que crean oportunidades para que los administradores de red y los ingenieros de red instalen, optimicen y aseguren los sistemas recién instalados. Hay una gran demanda de un ingeniero de redes en el mercado actual, y esto no se debe a la economía. La economía ha ayudado a aumentar el número de oportunidades que un individuo tiene como ingeniero de redes. Incluso ha asumido el apodo de una "carrera a prueba de recesión".

Si está interesado en probar sus habilidades de redes y convertirlas en un trabajo o una pasión, debe intentar trabajar como ingeniero de redes, ya que ese es el trabajo adecuado para usted. La manera más fácil de hacerlo es unirse a cualquier empresa que contrate ingenieros de redes, especialmente las mejores empresas, y trabajar duro para encontrar su camino hacia el éxito. Dado que existe una demanda de ingenieros de redes, es importante que avance su carrera en este dominio. Puede tomar diferentes cursos que ofrecen títulos en este campo o especializarse en capacitarlo en algunas áreas de este campo. Una de estas certificaciones es el programa CCNA. Cuando tome este curso, puede certificarse como un asociado de CCNA y esto abrirá numerosas oportunidades en el mundo de la conmutación y la creación de redes.

Este libro ha sido diseñado para ayudarlo a comprender cuáles son los requisitos básicos para que usted califique como asociado capacitado de CCNA. También lo llevarán al mundo de Cisco para obtener más información sobre los numerosos productos y servicios que ofrecen. Es importante que aprenda esto para mejorar su comprensión sobre CCNA. Es sabido que incluso con la certificación necesaria, conocer su empresa por dentro y por fuera lo ayudará a asegurar el trabajo de sus sueños. Su organización verá que está haciendo un esfuerzo para trabajar y facilitar la resolución de problemas. Puede hacer esto no solo en el departamento en el que trabaja, sino también en otros departamentos donde se pueden usar sus habilidades.

Cuando practique los métodos mencionados anteriormente, notará que se está elevando por encima de sus colegas en poco tiempo. Este libro también responderá algunas preguntas que se han planteado sobre la prueba de enrutamiento y cambio de CCNA. Este libro responde a algunas de las preguntas frecuentes y también a algunas inquietudes que a menudo surgen sobre este prueba. También aprenderá más sobre por qué necesita una certificación, cuáles son los diferentes exámenes CCNA, cómo obtener la certificación para cada uno y qué exámenes se pueden tomar para obtener la certificación.

Este libro también incluye algunos consejos y trucos que puede usar para obtener su test. También reventará algunos mitos sobre la prueba.

Gracias una vez más por elegir este libro y le deseo mucha suerte en su viaje para convertirse en un ingeniero de redes exitoso. Espero que encuentre el libro informativo y útil para aprender y comprender sobre CCNA con éxito. . Espero que encuentre el libro informativo y útil para aprender y comprender sobre CCNA con éxito. La idea principal detrás de este libro es ayudarlo a adquirir su certificación en los exámenes y convertirse en un ingeniero de redes certificado por Cisco. Entonces, sin más preámbulos, comencemos y profundicemos en el viaje de aprender todo sobre CCNA.

Capítulo 1

Una introducción a Cisco

Cisco Networking Company fue fundada en el año 1984 por Leonard Bosack y Sandra Lerner. Comenzaron esta compañía porque querían mantenerse en contacto unos con otros. Se graduaron en el año 1981 y comenzaron a trabajar en Stanford. Cada uno de ellos dirigió un departamento de informática en Stanford. Aprendieron a conectar sus computadoras a una red utilizando una tecnología llamada tecnología de enrutadores, que se ideó en el año

1970. Más tarde se dieron cuenta de que podían crear una tecnología de enrutador que podría abarcar diferentes departamentos, y creyeron que este sería un negocio rentable fuera de la Universidad. Fue entonces cuando, en el año 1984, la pareja fundó una compañía llamada Cisco Systems. Después de esto, Cisco Systems recibió su primer negocio: Stanford otorgó sus derechos de software patentado a Cisco Systems.

El primer gran éxito de Cisco fue en el año 1985, cuando vendió su primer producto. Este producto se conoce como la tarjeta de interfaz. Esta tarjeta fue utilizada por Digital Equipment Corporation para servir diferentes protocolos de red que se introdujeron en el año 1986. La compañía necesitaba efectivo para su expansión, que fue ofrecida por una empresa de capital de riesgo llamada Sequoia Capital. . Fue entonces cuando las cosas comenzaron a cambiar para los fundadores. Sequoia Capital se hizo cargo de la empresa y decidió colocar a John Morgridge como director ejecutivo de la empresa. Hizo un buen trabajo como director ejecutivo, pero no quiso trabajar de cerca con los fundadores porque era difícil para él. Cuando la compañía se hizo pública, la junta eliminó a Lerner, y pronto Bosack también renunció.

En el año 1993, Cisco introdujo un nuevo enrutador y también comenzó a adquirir algunas compañías. La compañía adquirió por primera vez Crescendo Communications que le dio acceso a Cisco a diferentes tecnologías de conmutación de red. Luego, la compañía trasladó su sede de Menlo Park, California a San José después de que Morgridge fuera reemplazado por John T Chambers como director ejecutivo. La compañía solo comenzó a adquirir otras compañías ya que el director ejecutivo creía que solo podía crecer adquiriendo competidores. En 1998, Cisco compró Selsius Systems, una empresa especializada en Internet que ayudó a Cisco a tomar una posición dominante en la industria de la tecnología VoIP.

En el año 2006, TelePresencia, Cisco introdujo la primera herramienta de videoconferencia. Esto permitió que personas de todo el mundo interactuaran entre sí. Les hizo creer que estaban en la misma habitación. Cisco Networking Enterprises finalmente se convirtió en la potencia líder en lo que ahora se llama IoT o Internet de las cosas. Esto les dio a las empresas la oportunidad de pasar de centrarse solo en hardware a software.

La historia de Cisco es lo que lo convirtió en lo que es. Dicho esto, los productos y servicios que ofrece esta compañía la han convertido en un líder en la industria de TI. El próximo capítulo enumerará los diferentes productos y servicios ofrecidos por la empresa.

Datos sobre Cisco

Puede ser imposible para usted creer que el amor fue la razón por la cual se desarrolló Cisco. Leonard Bosack y Sandra Lerner, la pareja que creó Cisco, querían asegurarse de que pudieran mantenerse en contacto por correo electrónico. Esto significaba que tendrían que conectar numerosas redes juntas. Esto condujo a la invención de un enrutador multiprotocolo, que fue el primero de su tipo. El dicho "la necesidad es la madre de todos los inventos" no podría ser más adecuado. El primer producto de Cisco llamado Router AGS se envió por primera vez dos años después del inicio de Cisco. ¿Te suena el nombre Cisco? El nombre Cisco fue tomado de la ciudad de

San Francisco, que es el centro comercial y financiero de los Estados Unidos. ¿Alguna vez has mirado de cerca el logotipo de Cisco? En caso afirmativo, ¿notó que el logotipo estaba inspirado en el puente Golden Gate? El nombre y el logotipo de Cisco se derivan de la ciudad que adoraban los creadores.

Fue en 1990 que la compañía se hizo pública, lo que significa que los creadores ya no eran los propietarios. Cuando esto sucedió, Lerner fue despedida de su trabajo y Bosack renunció para mostrar su solidaridad con ella. Los miembros fundadores se mudaron y vendieron alrededor de 2/3 de su participación en la compañía por $ 170 millones. El valor estimado de esas acciones hoy asciende a miles de millones y, a partir de 2014, 2/3 de las acciones de Cisco tenían un valor de mercado grandísimo de $ 90 mil millones! El último ingreso reportado para Cisco fue de $ 49.3 mil millones.

Cisco siempre ha adquirido compañías, y la primera compañía que adquirió fue Crescendo Communications en el año 1993. Ahora ha adquirido unas 170 compañías en total. Cisco también adquirió ParStream y Lancope para ampliar su plan de "Seguridad en todas partes".

Cisco ha llegado a una gran audiencia, y hay cerca de 72,000 empleados en la compañía. Está presente en más de 360 ubicaciones en 160 países y tiene cerca de 72,000 socios de canal.

Diferencias entre CCNA y CCNP

Tanto las certificaciones CCNP como CCNA se consideran las certificaciones más buscadas en la industria de TI. Existen algunas diferencias entre las dos certificaciones basadas en el nivel o la experiencia del individuo. CCNP y CCNA son las siglas de Cisco Certified Network Professional y Cisco Certified Network Associate, respectivamente. Una persona que trabaja en la industria de TI conoce estas certificaciones, ya que cada organización valora a un empleado con estas certificaciones.

Independientemente de la certificación para la que elija presentarse, deberá presentarse para un examen escrito, que debe aprobar. También se realiza un examen de laboratorio que evaluará sus habilidades. La experiencia del individuo solo se evalúa después de cinco rondas de pruebas. Cada ronda definirá la experiencia del individuo.

El examen CCNA también asegura que usted tendrá una buena comprensión de los sistemas de enrutadores abotonados y de rango medio, y puede trabajar con ellos fácilmente. Si tiene esta certificación y las habilidades necesarias, su empleador sabrá que puede instalar y activar los diferentes sistemas en la red. Del mismo modo, la certificación CCNP les permitirá a los empleadores saber que puede trabajar y mantener redes de área, como LAN y WAN, y puede trabajar con soluciones avanzadas como voz, seguridad e inalámbrica.

Capacitación de certificación CCNA y CCNP por especialista

Hay algunos puestos de prestigio que un individuo puede asumir en la industria de TI y son los ingenieros de redes o ingenieros de sistemas. Una persona con la certificación CCNA o CCNP es elegible para estos roles. El examen CCNA también le enseña sobre amenazas de seguridad, ideas inalámbricas y cómo los sistemas pueden conectarse a la red WAN o de área amplia. También necesitará aprender más sobre diferentes protocolos como SLIPFR, EIGRP, VLAN, ACL, RIPv2, etc. Es vital que conozca bien estos protocolos.

Debe ser un experto certificado en CCNA antes de poder presentarse al examen de certificación CCNP. También debe tener al menos un año de experiencia en el campo de las redes si desea presentarse para el examen CCNP. Puedes ver diferentes carreras en la industria de TI si tienes una certificación CCNA, pero con una certificación CCNP puedes mejorar tus posibilidades de ser promovido u obtener el mejor trabajo en la industria. Hay muy pocas personas con certificación CCNP y, debido a esto, la demanda de personas con certificación CCNP está aumentando.

Debe recordar que los productos y sistemas de Cisco son complejos de manejar. La mayoría de las organizaciones contratan a un equipo de personas solo para cuidar estos sistemas y productos. Numerosas organizaciones estarán dispuestas a contratarlo si tiene una certificación CCNP, ya que tendrá una buena comprensión de los productos y sistemas. Una certificación CCNP le dará una ventaja sobre otras personas, ya que sabe cómo instalar, organizar, funcionar e incluso solucionar problemas de una red compleja de Cisco. Es por esta razón que esta certificación es esencial para obtener. El examen CCNP es solo un examen de dos horas, pero abre una amplia gama de perspectivas para usted. Esta es la principal diferencia entre la certificación CCNP y CCNA. Antes de presentarse a la certificación CCNP, debe asegurarse de tener una certificación CCNA.

Capítulo 2

Productos y servicios ofrecidos por Cisco soluciones de redes

Redes

Cisco ofrece a cada compañía numerosas opciones para sus necesidades de red. Algunas de estas opciones se han enumerado en la sección a continuación. Cisco diseñó los productos mencionados a continuación para satisfacer las necesidades cambiantes de las empresas y para mejorar el almacenamiento de datos, los puntos de acceso y los servidores que se utilizan en la organización.

Redes

Cualquier organización puede estar segura del buen flujo de información y las transacciones comerciales sin problemas si la red de la empresa se mantiene bien. Hay numerosas opciones de red que una organización puede elegir. Estas opciones permiten que una organización no solo automatice la red, sino que también disminuya el costo de una red de área amplia, mejorando así la capacidad de escalamiento de la empresa. Estas opciones de red también aseguran que la red funcione muy bien. Estas redes están construidas con suficiente detalle para que pueda ayudarlo a detectar cualquier amenaza inminente y proteger a la organización de cualquier daño.

Clientes de seguridad de VPN

Una amenaza puede ocurrir a través de numerosos vectores de ataque, y es por esta razón que cada compañía debe identificar una manera de asegurar la protección activa y la conectividad para cada punto final de la red. En promedio, cuando otros pueden detectar amenazas en 100 días, Cisco puede proporcionar tales detalles sobre las amenazas en solo 4,6 horas y procesar aproximadamente 1,5 millones de malware por día.

Conmutación (switching)

Es importante encontrar el conmutador adecuado para su empresa. Los datos son extremadamente críticos para la compañía en el mundo de hoy. Es esencial seleccionar el interruptor correcto para evitar las amenazas que enfrenta la empresa, ahora y también en el futuro. Las empresas siempre pueden usar los productos de Cisco para simplificar y administrar sus requisitos de IoT, nube, centro de datos y movilidad.

Enrutamiento (Routing)

El producto de enrutamiento de Cisco, otro producto de red solo se puede usar para LAN, WAN y nube. Incluye seguridad integrada, optimización de aplicaciones, aprovisionamiento automatizado y análisis avanzados que ofrecen una solución completa y probada para los requisitos de su organización. Una empresa ahora puede automatizar todos sus procesos utilizando estos enrutadores. Estos

13

enrutadores también ofrecen aplicaciones y selección de ruta inteligente, que necesita un control mínimo a través de la personalización y la programación. Un enrutador de alto rendimiento siempre racionalizará cualquier operación de red, reduciendo así el costo, aumentando la velocidad y la implementación de la red más ágil. Independientemente de si el negocio es grande o pequeño, las soluciones de Cisco Networking ofrecerán una amplia gama de productos y servicios que pueden adaptarse a cualquier modelo de negocio.

Inalámbrico

En el mundo digital actual, se puede acceder a cualquier red a través de un modo inalámbrico. Es imperativo que cada empresa tenga una red inalámbrica, ya que sin eso, es difícil para una empresa comunicarse con sus clientes. También es difícil para un empleado trabajar. Si una empresa no tiene la red correcta, sus datos están al alcance de los atacantes. Mediante el uso de los productos de tecnología y movilidad empresarial inalámbrica de Cisco, puede estar seguro de obtener los puntos de acceso más modernos y las conexiones WAN y LAN de primera línea. Cisco ofrece algunos de los mejores productos y servicios en esta área y estos productos están diseñados para proporcionar seguridad y rendimiento de alta gama. La mejor parte de todo es que pueden adaptarse a cualquier empresa pequeña y mediana a empresas de gran escala.

Controladores inalámbricos

A medida que el mundo está preparado para ser inalámbrico, Cisco desarrolló los Controladores inalámbricos para proporcionar opciones de red seguras. Estas opciones de red también permiten que la red se segmente, disminuyendo así la cantidad de amenazas. Son de fácil acceso y se pueden habilitar incluso en la nube. Cisco diseñó un controlador inalámbrico para proporcionar información más rápida, solucionar cualquier problema rápidamente y ofrecer un negocio personalizado. Estos también están diseñados para facilitar la actualización sin interrupciones.

Conferencia

Las herramientas de conferencia como WebEx son una plataforma abierta que permite a las empresas integrar características en su flujo de trabajo único. Esto le permite al equipo colaborar, comunicarse y trabajar juntos. Esta herramienta conecta a empleados de varios países y proporciona protección y cifrado de datos de extremo a extremo para mantener su trabajo seguro. Cisco ayuda a las empresas a trabajar sin problemas para que el equipo pueda reunirse, compartir y crear.

Comunicaciones Unificadas

Personas de todo el mundo trabajan juntas utilizando muchas herramientas de colaboración. Por ejemplo, teléfonos IP para llamadas de voz, conferencias web y de video, correo de voz, uso compartido de escritorio de movilidad, mensajería instantánea, etc. A través de Soluciones de comunicación unificada, las empresas tienen la opción de integrar todas sus herramientas y ofrecer una experiencia de usuario perfecta, lo que ayuda a las personas a trabajar juntas de manera más efectiva. . Estas herramientas llevan la comunicación en tiempo real a las empresas desde cualquier lugar.

Servicios como conferencias, mensajes y opciones de chat son algunas de las muchas aplicaciones comerciales cotidianas. Las Comunicaciones Unificadas ofrecen soluciones locales alojadas por socios o como un servicio que se llama UC SaaS del proveedor de la nube.

Protección avanzada contra malware

Esto permite a las empresas obtener sandboxing avanzado, bloqueo de malware en tiempo real e inteligencia de amenazas global para protegerse de las infracciones. Dado que las empresas no pueden evitar las amenazas por sí solas, Cisco garantiza el análisis de cada archivo, detectando, conteniendo y eliminando rápidamente cualquier posible amenaza al sistema.

Seguridad web

En cada sitio web legítimo, hay amenazas avanzadas que se esconden a simple vista en forma de atractivos anuncios emergentes. Los empleados o clientes pueden poner en problemas a una organización haciendo clic en dichos anuncios, lo que puede causar un daño extremo a los datos de la empresa. Los dispositivos de seguridad web WSA, con tecnología de Cisco Talos, lo protegen al bloquear automáticamente los sitios de riesgo.

Puntos de acceso

La necesidad de seguridad ha aumentado desde el crecimiento de la movilidad y los dispositivos IoT. El punto de acceso Cisco Catalyst 910 excede los nuevos estándares inalámbricos W1-Fi 6 y brinda excelencia de radiofrecuencia a entornos de alta densidad. Estos puntos de acceso ayudan a aumentar la productividad de los empleados, ya que permiten que los datos se transmitan a alta velocidad. Esta eficiente transmisión de datos ayudará a las empresas a actualizarse a nuevas tecnologías en poco tiempo.

Colaboraciones comerciales (puntos finales de colaboración)

Cisco es conocido como el pionero en tecnología, lo que ayuda a conectar empresas en todo el mundo a través de la tecnología. Con el tiempo, Cisco ha desarrollado varias soluciones tecnológicas que pueden ayudar a un equipo a unirse y trabajar hacia un objetivo común: que los empleados individuales puedan hablar con sus pares con menos esfuerzo. Estos productos incluyen Cisco WebEx Board, Cisco Headset 500 Series y Cisco WebEx Room Series. Elija el producto que se adapte a las necesidades de su empresa y estará listo para comenzar.

Interfaces y Módulos

Cisco utiliza numerosos módulos e interfaces para implementar capacidades de red avanzadas. Estos ayudan a todas las empresas a ofrecer un nuevo servicio que reducirá el costo para la empresa.

Gestión de redes

Cisco utiliza productos y servicios líderes para reducir el tiempo de inactividad y mejorar la eficiencia operativa en las empresas. Sus productos y servicios también gestionan la red de la empresa. Estos productos y servicios han sido diseñados para adaptarse a una organización de cualquier tamaño y también proporcionan acceso a numerosos sistemas y procesos digitales. A través de estos productos y servicios, Cisco brinda oportunidades para automatizar perfiles de aplicaciones basados en políticas, lo que permite que el equipo de TI responda rápidamente a las nuevas oportunidades comerciales.

Seguridad

El mundo ahora está basado en datos y la seguridad de los datos del consumidor se ha convertido en la máxima prioridad. Cisco ofrece soluciones que pueden cambiar la cara de la protección de datos. Una de las cuestiones de seguridad más importantes que enfrentan muchas empresas es la amenaza cibernética, que se está volviendo mucho más inteligente y peligrosa. Con la cartera integrada de Cisco y la inteligencia de amenazas de la industria, obtiene el alcance, la escala y la capacidad para mantenerse al día con la complejidad de cada tipo de amenaza.

Protección avanzada de seguridad de correo electrónico

La vía principal para los atacantes es confiar en el correo electrónico para distribuir spam, malware y otras amenazas. Para protegerse de tales amenazas, es esencial contar con una solución de seguridad de correo electrónico sólida y poderosa. A través de la defensa de seguridad de correo electrónico de Cisco contra el phishing, el compromiso del correo electrónico comercial y el ransomware, las empresas pueden obtener actualizaciones sobre la seguridad cada tres o cinco minutos a través de Cisco Talos. Esta protección avanzada contra malware protege contra archivos adjuntos de malware sigilosos y enlaces maliciosos de inteligencia de URL líderes en la industria. No solo es esencial mantener seguros los correos electrónicos entrantes, sino también los correos salientes. La seguridad de correo electrónico de Cisco tiene una sólida prevención de pérdida de datos y cifrado de contenido para salvaguardar la información confidencial, lo que le ayuda a cumplir con las regulaciones gubernamentales y de la industria.

Acceso exterior e industrial

Un producto de acceso exterior e industrial le permitirá no solo acceder a datos en cualquier lugar, sino también acceder a WiFi en exteriores. También ayuda a las personas a mantenerse conectadas en numerosos lugares, lo que facilita a las empresas continuar sus operaciones con facilidad. Dado que estos puntos de acceso son resistentes tanto al frío extremo como al calor, facilita a las empresas transmitir datos a través de estos puntos de acceso.

Colaboraciones de clientes

Un consumidor puede adquirir casi cualquier cosa en el mundo digital actual. Con esto surge la necesidad de que una organización responda a todas las consultas y problemas de sus clientes y también les brinde algunos servicios personalizados. El mantra "una talla para todos" no se mantiene en el mundo de hoy, y es por esta razón que ya no hay centros de contacto. Las organizaciones ahora intentan proporcionar a sus clientes la atención adecuada, y esto ya no es una excepción sino una regla. Cisco ha desarrollado productos como Cisco Packaged Contact Center Enterprise y Cisco Unified Contact Express para facilitar el servicio.

Producto por tipo de empresa

Existen numerosas empresas medianas y nuevos negocios que se han establecido en los Estados Unidos en el pasado reciente. Uno de los objetivos de Cisco es capacitar a estas empresas para que tengan un mejor desempeño en el mercado. Esto demuestra que el concepto de "una estimación no se ajusta a todos" funciona perfectamente para Cisco. Es por esta razón que Cisco ha producido algunos artículos según las necesidades de la organización, lo que permite a las organizaciones trabajar en la personalización de sus operaciones y ayudarlas a destacarse en comparación con las otras compañías.

Servicios

Además de los numerosos productos enumerados anteriormente, Cisco también brinda a las empresas, grandes o pequeñas, los servicios necesarios para instalar el hardware y el software necesarios y también capacitar a sus empleados para mantener esos software instalados. Cisco también trabaja como asesor y ayuda a las organizaciones y empresas a implementar algunas soluciones de TI en su empresa. También ayuda a una empresa a optimizar el rendimiento de la empresa, lo que mejora tanto la eficiencia como la productividad. Cisco también trabaja en la gestión de los activos de la empresa. También se encarga de los servicios en la nube. Cisco también envía profesionales a capacitar a los empleados para aprender más sobre el cambio digital en el mercado, y también proporciona la asistencia necesaria que ayudará en el crecimiento de la empresa.

Capítulo 3

Sobre el Examen CCNA

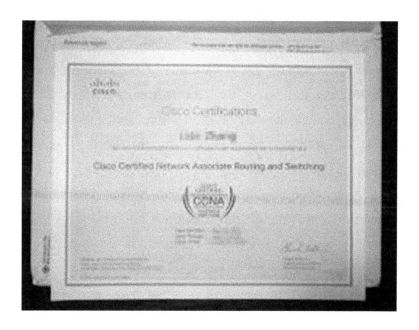

CCNA o Cisco Certified Network Associate es la amplia gama de especialidades técnicas que Cisco ofrece al mundo de TI. Estas certificaciones estándar de la industria siempre cuentan con el respaldo de la industria de TI, ya que muestran el conocimiento y la competencia específicos de un individuo.

Cisco ofrece dos acreditaciones de nivel de sección: el técnico certificado de nivel de entrada de Cisco (CCENT) y la certificación de técnico certificado de Cisco (CCT). La certificación anterior es para aquellos individuos que son expertos en sistemas. Esta acreditación ayudará a estas personas a confirmar a las organizaciones que tienen las habilidades necesarias para operar estaciones de soporte de red. Si estas personas tienen la acreditación CTT, pueden informar a las organizaciones que pueden analizar, corregir y supervisar los componentes esenciales de red de Cisco en línea.

Cisco Certified Technician (CTT) brinda a las personas la oportunidad de especializarse en tres áreas: CCT TelePresence, Data Center o Routing and Switching. La certificación CTT Routing and Switching es una de las certificaciones más solicitadas, ya que se centra en las aptitudes requeridas para el soporte in situ y el mantenimiento de los equipos y sistemas de la marca Cisco. Esta certificación también brinda a los expertos la capacidad de trabajar con diferentes enrutadores, conmutadores, adornos y cableado de Cisco. Todas estas certificaciones ayudan a los especialistas a comenzar sus carreras como expertos en redes. Además tienen la calificación esencial necesaria para optar por una certificación CCNA.

Cualquier persona puede obtener una calificación de nivel asociado en video, voz, industrial, nube, inalámbrico, proveedor de servidores, centro de datos, enrutamiento y conmutación. Por ejemplo, numerosas organizaciones están utilizando la innovación basada en la nube para permitirles mantenerse diestros y adaptables.

La certificación CCNA Cloud es un programa que solo está destinado a directores de sistemas y especialistas, ya que pueden ampliar sus aptitudes y aprovechar la información que obtienen. La certificación CCNA Security arroja algo de luz sobre numerosos aspectos de seguridad, que son importantes para cualquier experto en seguridad de sistemas. Pasar la prueba implica que los competidores del trabajo de TI tienen lo necesario para percibir los peligros, limitar las vulnerabilidades de la organización y supervisar los marcos de seguridad complejos.

El examen CCNA Routing and Switching es uno de los programas de nivel asociado más conocidos que ofrece Cisco. El requisito para calificar como experto en sistemas aumenta ya que los sistemas continúan evolucionando. Es importante que algunas personas aprendan más sobre cómo pueden diseñar, crear y solucionar problemas de red que puedan surgir.

Las redes de administración de sistemas siempre planifican administraciones de video, intercambios de voz y condiciones de esfuerzo conjunto. Los diferentes conceptos e ideas cubiertos en el examen CCNA Routing and Switching son significativos y se pueden aplicar a diferentes módulos. Los módulos para los que deberá prepararse mientras estudia para la Certificación de Enrutamiento y Conmutación CCNA están en línea con las asignaciones designadas de expertos en administración de sistemas. Este programa también lo ayuda a comprender cómo puede planificar y diseñar un sistema. Esto también ofrece ayuda como maestros especializados.

Cuando apruebe la certificación CCNA Routing and Switching, tendrá una variedad de habilidades y habrá acumulado muchos conocimientos. Como asociado de CCNA, debe poder:

- Explicar cómo funciona una red informática y cómo coopera con otros dispositivos en red.

- Identifique los peligros de seguridad de la red y describa estrategias y contramedidas de alivio de riesgos

- Organizar, verificar e investigar un conmutador con VLAN y comunicaciones.

- Comprender cómo se interconectan varias topologías de sistema para dar forma a una disposición de TI protegida.

- Organice, confirme e investigue las actividades de enrutamiento y enrutador en los dispositivos Cisco actuales.

- Actualice un esquema de direccionamiento IP y servicios IP para cumplir requisitos previos específicos del sistema.

- Configure y verifique las conexiones WAN y ejecute las mejores estrategias posibles para asociarse con una Administración WLAN.

- Describa y reproduzca las asignaciones de ajuste para la administración de la red de área local inalámbrica (WLAN).

- Actualice y fomente la traducción de direcciones de red (NAT) y las listas de control de acceso (ACL) en los sistemas de sucursales.

Capítulo 4

Diferentes Tipos de Examen CCNA

Un individuo puede aprobar numerosos exámenes de nivel de asociado para obtener la certificación como experto en ese campo. Todos estos exámenes forman la base para cualquier certificación de redes.

Enrutamiento y conmutación (Routing and Switching) CCNA

Esta sección arrojará algo de luz sobre las diferentes certificaciones que puede obtener dentro del área de estudio de Enrutamiento y cambio. También aprenderá más sobre la importancia de estas certificaciones y los exámenes en los que deberá presentarse para obtener esas certificaciones.

CCNA Nube (Cloud)

Existen numerosas organizaciones que ahora dan la bienvenida al uso de Cloud con los brazos abiertos. Les permite transmitir sus resultados comerciales de una manera progresiva, coordinada, finamente sintonizada y convincente.

Numerosas empresas utilizan actualmente el modelo SaaS, pero a partir de 2018, más del 78% de todo el trabajo se manejaba en Cloud. La certificación CCNA Cloud es un programa de capacitación orientado al trabajo que ayudará a los ingenieros, administradores e ingenieros de redes de Cloud no solo a perfeccionar y desarrollar sus habilidades en la nube, sino que también les permite apoyar a su departamento de TI para satisfacer sus necesidades comerciales y tecnológicas en constante cambio.

Si tiene esta certificación, puede obtener más información sobre cómo puede ejecutar el soporte básico y también facilitar las funciones en Cloud Puede aprender todo esto de la única organización que proporciona la historia completa de Cloud e Intercloud.

Debe realizar los siguientes exámenes para recibir esta certificación.

210-451 CLDFND

Esta prueba examina su aprendizaje de Cisco Cloud Networks, donde se le evaluará su comprensión de los elementos esenciales de DC, conceptos básicos de UF, UC, almacenamiento, servicios de red y virtualización, Windows Server, hipervisores, sistema operativo Linux; Soluciones de conectividad remota / VPN y documentación de diseño, fabricación de marcos, configuraciones y estrategias de soporte.

210-455 CLDADM

Este examen pondrá a prueba sus conocimientos y habilidades con respecto a los conceptos básicos de la organización de Cisco Cloud junto con el aprovisionamiento, remediación, monitoreo, informes, los formatos de cobro y la gestión de Cloud.

- La representación de informes detallados y devoluciones de cargo.

- Comprender los conceptos básicos de la administración del marco de Cloud

- Proporcionar Cloud basado en plantillas prediseñadas.

- Distinguir las diferentes características de la solución de software de administración de Cisco Cloud.

- Realizar la gestión, verificación y remediación en Cloud

CCNA Collaboration

Está diseñado para ingenieros de redes, ingenieros de redes IP, ingenieros de collaboration e ingenieros de telefonía IP que desean aprender y mejorar sus habilidades de colaboración e ingeniería de video por voz, datos y otras aplicaciones versátiles. La certificación Cisco CCNA Collaboration es un programa de capacitación y certificación orientado al trabajo. El material del curso proporcionado para este examen lo ayudará a mejorar su comprensión y habilidades, y también a mejorar su valor como profesional. Lo hace al brindarle las habilidades y aptitudes necesarias para ayudar a las organizaciones de TI a satisfacer sus crecientes necesidades comerciales debido a los rápidos cambios en la tecnología. Debe aprobar el examen 210-060 CICD para obtener esta certificación.

Este examen está diseñado para evaluar su conocimiento sobre las soluciones de Comunicaciones Unificadas de Cisco. Se le pondrá a prueba su conocimiento de las interfaces de usuario final y de gestión, las características de telefonía y movilidad junto con el mantenimiento de las soluciones UC.

210-065 CIVND

Este examen ha sido diseñado para evaluar sus conocimientos y habilidades, que son esenciales para implementar numerosos puntos finales de video de Cisco que se pueden encontrar en los marcos de video de Cisco United. También verificará su aptitud para ejecutar y resolver Cisco Unified Communication y Collaboration, Digital Media Player y TelePresence en varios modelos de soluciones empresariales de Cisco.

CCNA Cyber Ops

Cada organización en el mundo digital actual se enfrenta al desafío de identificar brechas en la seguridad rápidamente. También necesitará saber cómo debe reaccionar ante cualquier amenaza inminente a la información o datos almacenados en la organización. Todo el personal que trabaja en los Centros de Operaciones de Seguridad (SOC) vigila atentamente los marcos de seguridad y protege a las organizaciones detectando y tomando represalias rápidamente contra cualquier amenaza de seguridad cibernética o posibles infracciones. La acreditación CCNA Cyber Ops lo ayudará a aprender más sobre las habilidades requeridas para que pueda trabajar como analista de seguridad cibernética de nivel asociado en los SOC. Desde julio de 2018, el Departamento de Defensa de los Estados Unidos (DoD) ha afirmado la certificación Cisco CCNA Cyber Ops para el DoD 8570.01-M para los grupos de analistas CSSP y de respuesta a incidentes CCSP.

Debe realizar los siguientes exámenes para recibir esta certificación.

210-250 SECFND

Este examen es uno de los dos que debe aprobar si desea obtener una certificación CCNA Cyber Ops. Puede asegurar un trabajo como analista del Centro de operaciones de seguridad (SOC) si aprueba este examen. El examen SECFND pondrá a prueba sus conocimientos y habilidades en los principios primarios de seguridad cibernética. También evaluará las habilidades fundamentales esenciales para comprender los materiales de curso de nivel asociado más progresivos necesarios para el segundo examen de requisitos previos, "Implementación de operaciones de seguridad cibernética de Cisco (SECOPS)".

210-255 SECOPS

Si desea obtener la certificación de nivel asociado en CCNA Cyber Ops, deberá aprobar este examen. Este examen lo ayudará a aprender más sobre las habilidades que necesitará desarrollar como Analista de Seguridad del Centro de Operaciones de Seguridad (SOC) de nivel asociado. Este examen evalúa el conocimiento y la aptitud necesarios para manejar de manera eficiente los diferentes deberes y obligaciones de un analista de seguridad de nivel asociado que trabaja en un Centro de Operaciones de Seguridad (SOC).

Centro de datos de CCNA

Se considera que un centro de datos es efectivo en función de su rapidez y destreza. Cada centro de datos ha sido diseñado para la ejecución rápida de numerosas aplicaciones, y la rapidez se ve reforzada por un marco excepcionalmente versátil. Un centro de datos se ha convertido en el foco principal de las organizaciones que compiten en el mundo digitalizado de hoy. La certificación CCNA Data Center le brindará la seguridad y la agilidad necesarias para instalar, configurar y mantener la tecnología de un centro de datos. Esta certificación también lo ayudará a aprender más sobre los conceptos de infraestructura de centro de datos, redes y tecnologías, redes de almacenamiento y computación unificada, virtualización de redes, automatización y orquestación de centros de datos e Infraestructura centrada en aplicaciones de Cisco (ACI).

Debe realizar los siguientes exámenes para recibir esta certificación.

200-150 DCICN

Este examen pondrá a prueba sus conocimientos sobre los conceptos de infraestructura física, redes y redes de almacenamiento del centro de datos. . Cuando apruebe esta certificación, aprenderá las diferentes habilidades que necesita para saber diseñar, implementar y solucionar cualquier problema que surja dentro de una red. También proporcionará información sobre cómo puede hacer esto mientras utiliza las mejores prácticas necesarias para las redes conectadas presentes en la actualidad.

200-155 DCICT

Este examen pondrá a prueba sus conocimientos y habilidades sobre la infraestructura física, los conceptos de redes, la automatización y los conceptos de redes de almacenamiento relacionados con un centro de datos.

CCNA Industrial

La Certificación Industrial Cisco Certified Network Associate (CCNA Industrial) está diseñada para administradores de planta, ingenieros de redes tradicionales e ingenieros de sistemas de control que se ocupan del control de procesos, ensamblaje y empresas de petróleo / gas, que trabajarán junto con redes industriales y de TI. . Cuando borre esta certificación, aprenderá las diferentes habilidades que necesita para saber diseñar, implementar y solucionar cualquier problema que surja dentro de una red. También proporcionará información sobre cómo puede hacer esto mientras utiliza las mejores prácticas necesarias para las redes conectadas presentes en la actualidad.

Este módulo consolida el conocimiento teórico y práctico a través de algunos trabajos prácticos de laboratorio y ejercicios. Este módulo lo ayudará a desarrollar las habilidades necesarias para trabajar en la industria de TI y también mejorará su conocimiento sobre las infraestructuras actuales que las diferentes organizaciones incorporan en sus funciones. También proporcionará información sobre la infraestructura que respaldará los resultados futuros del negocio.

Los requisitos previos para esta certificación son Especialista en Redes Industriales o CCENT o CCNA Routing and Switching o cualquier otra certificación CCIE.

200 -601 IMINS2

Este examen pondrá a prueba su comprensión y conocimiento sobre los conceptos y la tecnología que puede encontrar en un entorno de fabricación automatizado. Este examen cubrirá el Protocolo Industrial Común (CIP) y las convenciones industriales ProfiNET. También lo probará en el diseño fundamental de la infraestructura de red de soporte para optimizar la efectividad de Industrial Ethernet.

CCNA Security

La certificación CCNA Security ayudará a un individuo a obtener las habilidades y el conocimiento que necesitará para trabajar como representantes de nivel asociado en el departamento de TI de cualquier organización. Si tiene esta certificación, será contratado como un profesional de la red, ya que tendrá las habilidades necesarias para desarrollar una infraestructura de seguridad, percibir los peligros y vulnerabilidades de las redes y aliviar cualquier violación de seguridad. El programa educativo CCNA Security enfatiza las tecnologías de seguridad primarias. También proporciona información sobre el establecimiento, investigación y vigilancia de instrumentos de red para mantener las virtudes; discreción y la accesibilidad de información e instrumentos, así como su competencia de todas las innovaciones que utilizan la estructura de seguridad de Cisco.

210-260 IINS

El examen CCNA Security pondrá a prueba sus conocimientos sobre los diferentes aspectos de la seguridad, incluida la infraestructura de red de seguridad, su comprensión de los conceptos fundamentales de seguridad, la verificación del acceso seguro, el cifrado VPN, los firewalls, la prevención de cualquier violación y la seguridad del punto final mientras utiliza la tecnología SIEM , Topología de redes virtuales y Cloud, BYOD, Identity Service Engine (ISE), 801.1 x Autenticación y otros conceptos relacionados con la seguridad cibernética. Este examen lo ayudará a validar sus habilidades de diseño, instalación, monitoreo y solución de problemas de cualquier red segura que ayudará al proveedor de servicios a proteger los datos y también permitirá que los dispositivos estén conectados a la red.

Proveedor de servicios CCNA

La certificación del Proveedor de servicios asociados de red certificados de Cisco (CCNA SP) fue diseñada para aquellas personas que trabajan como ingenieros de redes, especialistas y planificadores para cualquier proveedor de servicios. Su enfoque principal está en los desarrollos recientes, la tecnología y las tendencias dentro de la red fundamental de la industria del proveedor de servicios, y el examen cubre estos aspectos.

Debe realizar los siguientes exámenes para recibir esta certificación.

640-875 SPNGN1

Este examen pondrá a prueba sus conocimientos básicos y las habilidades básicas necesarias para apoyar la red de cualquier proveedor de servicios. Para obtener más información sobre el examen, consulte el siguiente enlace: https://www.cisco.com/c/en/us/training-events/training-certifications/exams/current-list/spngn1.html

640-878 SPNGN2

Este examen pondrá a prueba su aptitud y conocimiento que es importante para usted para saber si va a ejecutar, mantener y apoyar la red de cualquier proveedor de servicios. El solicitante debe prepararse para este examen tomando el curso de Redes de próxima generación para proveedores de servicios de Cisco Building, Parte 2 (SPNGN2).

CCNA Wireless (inalámbrica)

Cisco tiene un departamento de innovación inalámbrica que ha puesto muchas demandas en la red. Estas demandas a su vez afectan a las personas que trabajan en redes. Cada organización requerirá un conjunto de profesionales que puedan trabajar en la red y asegurarse de que la red se haya configurado correctamente. Estas personas también deben monitorear la red y solucionar problemas si es necesario. Puede mejorar sus habilidades y su conocimiento de estas redes cuando se prepare para la certificación inalámbrica CCNA. Los requisitos previos para esta certificación son Cisco CCENT, CCNA Routing and Switching o cualquier otra certificación CCIE.

Debe realizar los siguientes exámenes para recibir esta certificación.

200-355 WIFUND

Este examen pondrá a prueba sus conocimientos sobre cómo instalar, configurar y solucionar problemas de una red de tamaño pequeño o una red de área amplia.

Los próximos capítulos arrojarán algo de luz sobre el examen CCNA Routing and Switching.

Capítulo 5

Acerca de Enrutamiento
y Conmutación CCNA

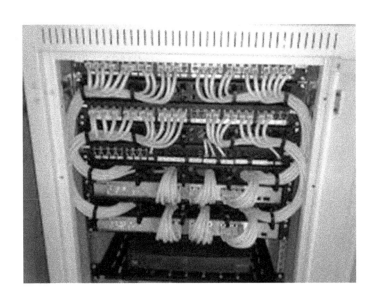

L lamado el santo grial de las certificaciones de Cisco, el CCIE fue una de las certificaciones más difíciles de lograr y debe lograrse antes de pasar a otros cursos de redes. Este enfoque abrumador de ganar o perder en la prueba hizo imposible el éxito y, a su vez, previsiblemente no funcionó para la mayoría de las personas. Debido a esto, Cisco respondió al problema creando una serie de nuevas certificaciones, lo que facilitó la obtención del premio CCIE. Le dio a los empleadores un enfoque que podía medir y calificar con precisión las habilidades de un prospecto y un empleado actual de la organización. Este cambio dinámico de paradigma en la certificación de Cisco realmente abrió puertas a través de las cuales solo se permitieron muy pocos.

Desde el año 1998, la certificación CCNA Cisco Certified Network Associate se convirtió en la primera certificación de hito de este tipo. También se convirtió en el requisito previo oficial para cumplir con los niveles propulsados de la certificación, que luego se modificaron en el año 2007 cuando Cisco declaró la Certificación de Técnicos de Redes de Entrada Certificadas de Cisco (CCENT) en marzo. Cisco anunció las actualizaciones de las pruebas de enrutamiento y conmutación CCENT y CCNA en su sitio web.

Cisco Routing and Switching fue la certificación más destacada por lejos y habría permanecido de esta manera. Sin embargo, la certificación del centro de datos resultó ser ganadora a medida que las organizaciones se trasladaron a tecnologías centradas en datos. El historial también da un espectáculo decente con respecto a las circunstancias. Comprender el establecimiento de Enrutamiento y cambio antes de intentar otra pista de certificación es algo que me gustaría sugerir. A fin de cuentas, necesita su certificación CCENT para comenzar a progresar.

A medida que las organizaciones adoptan arquitecturas de red programables, se desarrolla el conjunto de habilidades que se espera de los ingenieros de redes del centro. Las interacciones basadas en CLI con los marcos de enrutamiento y conmutación están ofreciendo un enfoque para las interacciones basadas en el controlador impulsadas por los enfoques de negocios y aplicaciones.

Para satisfacer esta necesidad, Cisco ha actualizado su certificación general, CCNA Routing y Switching, para que los profesionales de TI puedan controlar completamente la intensidad de las tecnologías Cisco más recientes. Los participantes que dejen pasar su certificación CCNA Routing y Switching deberán centrarse en estos cambios. La certificación CCNA Routing y Switching se ha actualizado para cumplir con estos cambios más recientes en las tecnologías:

- Conocimiento de las arquitecturas de red programables (SDN) y la partición del plano de control y el plano de información.

- Sujetos de VPN ampliados para incorporar DMVPN, VPN de sitio a sitio y tecnologías VPN de cliente.

- Mayor atención en protocolos de enrutamiento IPv6, configuración y conocimiento

- Comprensión de los activos en la nube transmitidos en arquitecturas de red empresariales.

- Conocimiento de los conceptos de QoS, incluidos los mecanismos de verificación, formación y vigilancia para gestionar la congestión de varios tipos de tráfico.

Una vez que obtenga la certificación CCNA de enrutamiento y conmutación, puede mostrar a sus empleadores y gerentes actuales y futuros que tiene las habilidades necesarias para sobresalir en la industria. Dicho esto, deberá estar al tanto de los cambios o desarrollos que se realicen en este campo para asegurarse de sobresalir y tener una ventaja sobre sus competidores.

Una de las principales razones por las que los titulares de certificaciones dejan que sus credenciales caduquen es porque han ocupado un puesto en el que nunca más requieren una certificación actual. Pero con la tecnología cambiando tan rápidamente, este puede ser el momento perfecto para reexaminar sus habilidades y actualizarlas de vez en cuando.

Antes de obtener la certificación para CCNA Routing and Switching, es importante aprobar el examen de nivel de entrada. Después de esto, hay dos divisiones más y, después de pasarlas, obtendrá la certificación como Asociado de Enrutamiento y Conmutación CCNA.

El examen CCENT

Este puede ser un examen de nivel de entrada que todo candidato debe aclarar, pero no cometa el error de pensar que es un examen fácil. Quizás el nivel de entrada para la certificación de Cisco es parcialmente simple, pero no es para alguien sin experiencia que intente ingresar en el campo de TI extremadamente gratificante pero que prueba. La mayoría de los aficionados buscan obtener las certificaciones Comp TIA A + y Network +. Es bueno hacerlo, ya que puede desarrollar una base que lo ayudará cuando escriba su examen CCNA Routing and Switching (esto solo es cierto para el nuevo examen CCNA que se desarrolló en el año 2013). Debe recordar que el examen es difícil, y si no se prepara bien para el examen, seguramente le resultará difícil responder preguntas durante el examen. Debe recordar que las versiones más nuevas del examen son más difíciles que los exámenes CCNA anteriores. Comprenderá esto más cuando comience a estudiar para el examen. Una vez que obtenga el certificado, puede estar seguro de que los empleadores querrán contratarlo. Este certificado también lo ayudará a avanzar en su carrera en la industria de las redes. Por lo tanto, debe trabajar duro y estudiar todo lo que pueda antes de pagar el examen. Esto significa que debe realizar una investigación adecuada para comprender si esta es la certificación que necesita y si puede pasar la cantidad de tiempo suficiente para prepararse para este examen. Debe recordar que los exámenes son caros y, por lo tanto, debe tomar una decisión informada.

Cisco Certified Network Associate - Enrutamiento y conmutación CCNA (CCNA Routing and Switching)

Una vez que obtenga la certificación CCENT, puede presentarse a los exámenes ICND1 e ICND2 para obtener su certificación CCNA de enrutamiento y conmutación. Esta es una de las certificaciones más solicitadas en la industria de redes. El examen CCENT cuesta $ 150, y no puede aprobar este examen leyendo algún material.

Estos exámenes son difíciles y las preguntas que se hacen a menudo son difíciles de resolver. Por lo tanto, deberá cubrir diferentes materiales y examinar los volcados de exámenes para evaluar su

40

nivel de comprensión. Siempre es una buena idea inscribirse en una clase de tutoría en línea ya que los tutores lo ayudarán a comprender cómo debe estudiar y aprobar el examen. Una vez que obtenga esta certificación, puede obtener la certificación CCNP (Cisco Certified Networking Professional).

Si elige tomar el examen de Enrutamiento y conmutación de CCNA, puede conseguir el trabajo que realmente desea. Es posible que no esté dispuesto a realizar dos exámenes para obtener el certificado. En este caso, puede optar por realizar el examen compuesto. Es importante recordar que el programa de estudios cubierto en este examen es extenso, lo que significa que deberá pasar una buena cantidad de tiempo estudiando para este examen. Independientemente de si elige tomar uno o dos exámenes, debe asegurarse de tener algunos conocimientos prácticos. Esto significa que debe tomar tantos laboratorios como sea posible. Además, debe concentrarse en tomar exámenes de práctica y observar los volcados de exámenes para familiarizarse con las diferentes preguntas que se pueden formular en el examen.

¿Por qué necesita obtener una certificación CCENT y CCNA de enrutamiento y conmutación?

Cisco ha diseñado la certificación CCNA de enrutamiento y conmutación para permitir que un empleador aprenda más sobre la aptitud de sus empleados. Un empleador puede usar esta certificación para verificar si el empleado cumple con los criterios para algunos roles. Por lo tanto, si está buscando un empleado w. Cisco diseñó la certificación CCNA de enrutamiento y conmutación para ayudar a los empleadores a evaluar la aptitud de sus posibles empleados. Estos empleadores también pueden usar esta certificación para comprender si un empleado cumple con algunos de los criterios necesarios para un puesto. Por lo tanto, si usted es alguien que está en la industria de las redes o quiere cambiar de roles, debe tomar el examen de Enrutamiento y cambio de CCNA, ya que eso lo ayudará a establecer una carrera sostenible. Este examen no solo lo ayudará a comprender el sistema operativo Cisco Internetwork (IOS) y el hardware de Cisco, sino que también comprenderá cómo funciona Internet. Hay algunas compañías que contratan empleados como ingenieros de red simplemente porque están certificados. Por lo tanto, si elige realizar este examen y logra borrarlo en el primer intento, puede conseguir un trabajo en cualquier empresa de redes.

¿Cuáles son las habilidades necesarias para obtener la certificación CCENT y CCNA enrutamiento y conmutación?

El examen ICND1 pondrá a prueba sus conocimientos y habilidades con respecto a las redes pequeñas. Este examen lo evaluará en la instalación de la red, cómo funciona y qué necesitará hacer para superar los problemas. También aprenderá más sobre tecnologías de conmutación de LAN, seguridad de dispositivos de red de servicios IP, tecnologías de enrutamiento IP, seguridad de dispositivos de red, solución de problemas y el protocolo IPv6. El examen ICND2 pondrá a prueba sus habilidades y su comprensión sobre cómo instalar, trabajar y solucionar problemas de redes más grandes. La prueba verificará su comprensión de las tecnologías de enrutamiento IP, tecnologías de conmutación LAN, servicios IP (syslog, FHRP y SNMP v2 y v3), resolución de problemas y tecnologías WAN.

¿Qué se necesita para obtener la certificación en CCNA enrutamiento y conmutación?

Si desea obtener la certificación CCNA de enrutamiento y conmutación, debe realizar el examen compuesto. Este es un examen combinado que es un poco difícil de eliminar. El programa de estudios cubierto en este examen es amplio, y es imposible entender cada concepto y recordarlos para que pueda responder la cantidad requerida de preguntas para aprobar el examen. Los diferentes temas que se tratan en el examen compuesto CCNA se han tomado de los exámenes ICND1 e ICND2. Si no desea presentarse para el examen compuesto, puede presentarse para los exámenes ICND1 e ICND2. Siempre debe pensar cuidadosamente y planificar su ruta de estudio antes de inscribirse en el examen. Puede optar por dar un examen en lugar de dos, y existe una alta probabilidad de completar el examen si estudia durante el tiempo requerido. Recuerda que debes practicar y trabajar duro. Deberá aprobar los siguientes documentos si decide realizar dos exámenes en lugar de uno:

1. Examen: interconexión de dispositivos de red de Cisco Parte 1 (ICND1)

2. Examen: interconexión de dispositivos de red de Cisco Parte 2 (ICND2)

¿Dónde tomas tu examen?

Se requiere que se registre para el examen en Pearson VUE independientemente de si elige realizar los exámenes ICND1 e

ICND2 o el examen compuesto. Si desea obtener más información sobre estos exámenes, visite el sitio web utilizando el siguiente enlace: www.vue.com.

Siga los pasos que se detallan a continuación si ha decidido aprobar el examen:

1. Lo primero que debe hacer es elegir el examen para el que desea presentarse. Si desea realizar el examen compuesto, debe elegir el código 200-125. Si desea inscribirse en los exámenes ICND1 e ICND2, debe elegir los códigos 100-105 y 200-105.

2. Una vez que haya seleccionado el examen que desea que aparezca, deberá visitar el centro de exámenes más cercano y registrarse para ese examen. Recuerde que deberá pagar el examen por adelantado, y puede presentarse al examen dentro de un año después de haber realizado el pago.

3. Puede rendir el examen cuando decida realizarlo o darse un plazo de seis semanas antes de presentarse al examen. Dicho esto, si no puede presentarse al examen el día que decidió presentarse, debe esperar cinco días antes de inscribirse nuevamente. En caso de que sepa que no podrá presentarse al examen, debe enviar un correo electrónico a Pearson VUE al menos veinticuatro horas antes del examen. Le ayudarán a reprogramar el examen sin costo adicional.

4. Una vez que programe el examen, Pearson VUE le enviará todas las instrucciones por correo electrónico y también le

proporcionará información sobre lo que deberá hacer en el centro de exámenes. También se le dará información sobre los diferentes artículos que necesitará llevar al centro.

5. Es importante que siempre lleve una copia original del documento o prueba de identificación.

Utilice siempre el material proporcionado por los editores autorizados de Cisco

Siempre debe comprar el material del curso a un editor conocido. La mejor opción sería comprar este material a un editor autorizado por Cisco. Cuando hace esto, no tiene que preocuparse por tener que buscar nuevo material de estudio ya que el material que comprará cubrirá toda la información que necesitará saber para el examen. También es una buena idea inscribirse en un curso dirigido por un instructor, ya que el entrenador lo guiará sobre cómo debe prepararse para el examen. El entrenador también arrojará algo de luz sobre los diferentes materiales que puede estudiar, y también lo proporcionará algunos enlaces que puede usar.

Capítulo 6

¿Por qué debería presentarse para el examen de enrutamiento y cambio CCNA (CCNA Routing and Switching)?

◆━━◆━━◆━◆━◆━◆━━◆

¿Eres consciente de la importancia de obtener una certificación de Cisco? Si está armado con una certificación de Cisco, le abrirá varias oportunidades de carrera y creará una base técnica sólida. Ofrece validación de todas las habilidades que son esenciales para avanzar en este mundo orientado a la tecnología.

Traerá resultados cuantificables mientras trabaja como profesional de redes. Hay múltiples beneficios de obtener una certificación CCNA. Como administrador de red e ingeniero de red, sus responsabilidades aumentan continuamente con cada día que pasa y obtener una certificación en CCNA puede elevar su estado en la organización y también puede ayudarlo a lograr un aumento de sueldo. Una de las mejores maneras de prepararse para una carrera exitosa en redes es obtener la certificación CCNA de enrutamiento y conmutación. Esto por sí mismo es una gran razón para obtener la certificación. Hay, sin embargo, muchas más razones. Este capítulo enumera las muchas ventajas de obtener una certificación CCNA de enrutamiento y conmutación.

La certificación es la base sobre la cual se basan las carreras en redes

Muchos ingenieros de redes y empleados de redes han estado haciendo todo lo posible para obtener las certificaciones de CCNA desde que CCNA comenzó sus diferentes programas y certificaciones. Los estudios realizados por IDC indican que muchas compañías de redes buscan diferentes habilidades de Cisco cuando contratan empleados. La mayoría de los empleados incluyen habilidades de Cisco en comparación con cualquier otra habilidad. Siempre ha sido importante para los empleados tener una buena comprensión de los diferentes protocolos de red e infraestructura de red.

También es importante aprender cómo funcionan juntos. La necesidad de esto ahora se está intensificando. Si obtiene una certificación CCNA de enrutamiento y conmutación, puede obtener el conocimiento y la experiencia necesarios para tener éxito en la industria de las redes. Este conocimiento también lo ayudará a solucionar cualquier problema que ocurra dentro de la red.

La certificación le brinda una gama completa de opciones de capacitación

Ofrece numerosas opciones de capacitación que hacen que sea más fácil para cualquiera ganar su enrutamiento y conmutación. Puede aprender de más de una manera. Hay muchos socios de aprendizaje autorizados y cada uno de estos certificados de socios. Puede optar por inscribirse en un aula virtual, una capacitación dirigida por un instructor o laboratorios prácticos para los componentes ICND1 e ICND2 del examen. Cisco Learning Network Store también ofrece laboratorios de aprendizaje, e-learning a su propio ritmo y exámenes de práctica que lo ayudarán a prepararse bien para la certificación. Además, Cisco Press, que es un editor autorizado, ofrece muchos recursos que puede utilizar para prepararse para el examen. Otro aspecto maravilloso de las certificaciones CCNA es que le brindan la oportunidad de estudiar y prepararse para los exámenes según su conveniencia. Puede optar por un plan de estudios a su propio ritmo o inscribirse para el programa de capacitación que ofrece Cisco. Aprenderá más sobre esto en los próximos capítulos.

La certificación te da más opciones de carrera

Desde que se inició la certificación CCNA, las certificaciones de Cisco han sido garantizadas por ingenieros de red y organizaciones de todo el mundo. Como lo indica un informe en curso de IDC (International Data Corporation), las habilidades de Cisco se encuentran entre las aptitudes más buscadas al reclutar candidatos potenciales. Esta necesidad aumenta cada día. Una acreditación de Cisco CCNA Routing and Switching validará su conocimiento y experiencia sobre los datos y la capacidad en redes. Cuando acepte la certificación CCNA y la borre con éxito, puede colocarse como un administrador de red capaz de resolver los problemas de red que prevalecen en las áreas de red y podrá crear la infraestructura para respaldarla.

Una vez que sea el orgulloso titular de la certificación CCNA, tendrá una ventaja sobre los demás en su campo. Puede darle un mejor reconocimiento cuando entrega sus hojas de vida para cualquier vacante en el campo de las operaciones de red de Cisco. La validez de tres años de esta certificación garantizará que tenga tiempo para aprovechar al máximo todos los conocimientos y habilidades que haya adquirido durante el programa de certificación.

Tendrá muchas oportunidades profesionales si obtiene la certificación CCNA de enrutamiento y conmutación. Según una encuesta realizada por IDC, se identificó que siete de cada diez organizaciones buscan certificaciones cuando promocionan o contratan a un individuo. Puede avanzar a los niveles expertos en la ruta de enrutamiento y conmutación utilizando los diferentes cursos proporcionados por Cisco. También puede usar las habilidades que desarrolla como experto en enrutamiento y conmutación en tecnologías como Collaboration, Cloud, Network Programmability, Data Center, Security or Wireless. (Colaboración, Nube, Programabilidad de red, Centro de datos, Seguridad o Inalámbrica). Estas áreas se están desarrollando y están impulsando la industria de TI hacia adelante. Si tiene una certificación en enrutamiento y cambio, puede cambiar la dirección de su carrera en cualquier momento

La certificación lo mantiene al tanto de todos los últimos cambios tecnológicos

Además de provocar cambios importantes en la arquitectura de la red, por ejemplo, el ADN de Cisco, Cisco trabaja continuamente para crear paisajes de TI que conduzcan a diversos desarrollos tecnológicos que tendrán un impacto en su perfil de trabajo como profesional de redes. Cisco siempre se asegura de estar al tanto de todos los cambios que están teniendo lugar en la tecnología y la industria de TI. Lo hace para garantizar que los estudiantes sean conscientes de cómo los cambios en la tecnología afectarán la certificación o su papel en una empresa. El examen de enrutamiento y conmutación CCNA no es una excepción a esto. Cisco revisa constantemente el plan de estudios para garantizar que los estudiantes estén al tanto de cada pequeño cambio realizado en la industria. El último plan de estudios le brindará una comprensión de los elementos de calidad de servicio (QoS) y cómo se usan, las funciones de red y las interacciones de los cortafuegos y los puntos de acceso y controladores inalámbricos, junto con un enfoque renovado en IPv6 y la seguridad básica de la red. Por lo tanto, todo esto significa que podrá mantenerse al día con los avances tecnológicos que tienen lugar en su organización e industria.

Curva de aprendizaje

En su búsqueda de adquirir las certificaciones CCNA, podrá mejorar su conocimiento y crear las bases para una manera eficiente de comprender los diferentes aspectos fundamentales de las redes de Cisco. Independientemente de si tiene años de experiencia en el campo de las redes o no, seguramente necesitará mantenerse al día con la creciente demanda de habilidades especializadas para mantenerse al día con su competencia. El antiguo dicho, "nada puede sustituir a la experiencia", se corrige cuando se trata de mantenerse al día con todas las innovaciones y tecnologías del mundo digitalizado en el que vivimos. Es esencial que se mantenga actualizado con todos los desarrollos tecnológicos recientes teniendo lugar en el campo de TI.

Antes de que pueda pensar en completar todo el programa Cisco, debe cumplir un requisito previo. Muchas certificaciones de Cisco exigen que apruebe con éxito el examen CCNA antes de ser elegible para cualquier otra cosa. Entonces, la certificación CCNA es como el trampolín para avanzar en los cursos de capacitación de Cisco

La certificación lo ayuda a aprender de sus pares

Muchas personas y profesionales se están engranando para prepararse para diferentes certificaciones de Cisco. Es por esta razón que Cisco ha desarrollado Cisco Learning Network, que es una comunidad de aprendizaje y desarrollo profesional. Hay un millón de profesionales en esta comunidad. Esta comunidad proporciona un valioso apoyo y también ayuda a los miembros a aprender, estudiar y prepararse para los exámenes de certificación. Cuando sea miembro de Cisco Learning Network, obtendrá acceso a videos de capacitación, grupos de estudio, una gran cantidad de información sobre exámenes y consejos entre pares.

Serás certificado por el líder de redes

Cisco fue una de las primeras compañías en introducir el enrutamiento y la conmutación, y continúa liderando el camino. Tiene la mayor cuota de mercado, y la mayoría de sus productos son utilizados por empresas de diferentes industrias. El tráfico abrumador de Internet se mueve en las diferentes rutas de red que se crean utilizando los productos de infraestructura de Cisco. Si sabe cómo trabajar con los productos de Cisco y tiene certificaciones para respaldarlo, sus habilidades seguramente serán más comercializables y tendrá demanda.

La certificación ayuda a aumentar su sueldo

Dado que hay una escasez de talento en la industria de las redes, los salarios de un empleado de redes suelen ser altos. Si tiene una certificación de Cisco en enrutamiento y conmutación, puede aumentar su salario. Según un informe de Robert Half Technology, en la Guía de salarios tecnológicos 2018, la certificación de enrutamiento y conmutación CCNA es una de las certificaciones más buscadas en la industria.

Esta guía también indicó que algunos empleadores estaban dispuestos a aumentar los salarios en un cinco o diez por ciento si los candidatos cumplían con todos los criterios. Muchas organizaciones también ofrecen a sus empleados recompensas monetarias por obtener una certificación de Cisco.

Si posee la certificación CCNA, significa que podrá buscar mejores oportunidades de carrera. Además, estas calificaciones también le dan la oportunidad de solicitar un aumento salarial. Los empleados de un equipo de TI reciben sus roles en función de todas las certificaciones que poseen. Por lo tanto, tener una certificación CCNA le dará la ventaja potencial de ascender rápidamente en la escala corporativa. Si su evaluación está a la vuelta de la esquina, entonces esta certificación también puede ayudarlo a obtener un aumento salarial rápido.

No olvide: hay valor en la recertificación

La certificación de enrutamiento y conmutación solo es válida por tres años. Dicho esto, siempre puedes recertificarte a ti mismo. El certificado solo es válido por tres años, ya que Cisco monitorea la industria y hace todo lo posible para garantizar que las certificaciones que proporciona siempre se mantengan al día con los requisitos de la industria de TI. Cuando esté dispuesto a aprender constantemente y esté feliz de volver a certificarse, puede asegurarse de estar al tanto de cada nuevo desarrollo realizado en la industria. Aprenderá más sobre la política de recertificación de Cisco en los próximos capítulos.

La certificación lo prepara para la evolución de la red en la era digital

Ahora que las empresas se están transformando a través de la digitalización, hay un cambio radical en la infraestructura de red. Muchos procesos manuales han sido reemplazados por la arquitectura de red basada en software que depende de análisis, automatización, visualización, administración de servicios en la nube y si la red es abierta y extensible.IDC reveló que un estudio reciente concluyó que los roles más importantes en la industria de TI son los ingenieros y arquitectos de redes. Un profesional que quiera mejorar su posición en la industria de TI debe aceptar este cambio.

Asegure su carrera a través del enrutamiento y conmutación

Es importante recordar que la transformación digital está cambiando la faz del mundo. Esto es especialmente cierto en el caso del mundo de los negocios, ya que cada empresa debe aprovechar las diferentes tecnologías para mantener una ventaja competitiva. En el mundo actual, cada iniciativa empresarial es una iniciativa tecnológica, y se espera que un profesional de TI no solo se mantenga al tanto de la tecnología, sino que también mejore los diferentes procesos y el negocio.

Las empresas ahora avanzan debido a Internet de las cosas (IoT), que está en constante evolución. La importancia de la tecnología como la movilidad, big data, seguridad, diseño de red, nube, desarrollo de aplicaciones, operaciones de centros de datos, integración de sistemas o servicios y arquitectura empresarial está aumentando. Entonces, ¿cómo te afecta esto a ti o a tu carrera? Dado que hay muchos desarrollos en la industria de TI, los gerentes ahora buscan contratar personas con certificaciones. Estas certificaciones demostrarán que el individuo está al tanto de todos los nuevos desarrollos en TI. También buscan personas que tengan experiencia en la industria principal de enrutamiento y conmutación. Un estudio reciente mostró que había una escasez de empleados con habilidades críticas de TI. Los gerentes que formaron parte de este estudio también dijeron que estaban dispuestos a contratar candidatos o promover empleados dependiendo de sus certificaciones. Cuando obtiene una certificación que es importante para tantas empresas, mejora su estado en la industria.

Globalmente aceptado

Otra cosa brillante sobre la certificación CCNA es que es reconocida y aceptada globalmente en diferentes países del mundo. Por lo tanto, la validez de una certificación CCNA no tiene restricciones geográficas. Todos esos expertos en redes armados con las Certificaciones CCNA en su haber están en una mejor posición para negociar no solo una escala salarial más alta sino también mejores posiciones en una organización. En la actualidad, el número de puestos de trabajo CCNA abiertos en el mercado aumenta constantemente, y todos requieren que los candidatos potenciales tengan alguna certificación CCNA como uno de sus criterios para la elegibilidad laboral. Puede utilizar el conocimiento que obtiene a través de la certificación CCNA como un trampolín para aprender más sobre los diferentes y nuevos módulos de cursos de redes y seguridad cibernética para impulsar su carrera. Lograr la primera certificación puede parecer bastante complicado y, a veces, una batalla cuesta arriba; sin embargo, una vez que dé el primer paso, podrá familiarizarse con las cosas. Después de todo, comenzar bien está a la mitad, y esto es cierto para la certificación CCNA.

La certificación lo ayuda a destacar con su empleador

No es solo usted quien puede ganar al obtener una certificación CCNA. Es beneficioso para la organización de la que forma parte. Puede preguntar a cualquier empleador potencial, y le dirán que un profesional certificado es competente para trabajar en el altamente competitivo mundo de la tecnología de la información. Una vez equipado con esta certificación, puede demostrarle a su empleador que tiene los conocimientos y las habilidades esenciales para realizar el trabajo.

Su empleador sabrá que desea sobresalir en su carrera cuando comience a prepararse para el examen de Enrutamiento y conmutación de CCNA. Un gerente notará ese tipo de iniciativa. Según la investigación realizada por IDC, se puede decir que cerca del ochenta y dos por ciento de los líderes en transformación digital creen que las personas que tienen una certificación ayudan a acelerar la innovación. También hay cierta credibilidad asociada con una certificación de Cisco. Muchos empleadores utilizan la certificación CCNA de enrutamiento y conmutación como criterio para contratar a un candidato. En este mundo en constante cambio, siempre será bueno tener ciertas habilidades adicionales para consolidar su posición como experto en su campo.

Manera única de aprendizaje

Cisco Learning Network es única, ya que es una plataforma de red social que se utiliza ampliamente para el aprendizaje. Este es el futuro de Internet, piense en él como Internet 2.0. Esta red ofrece acceso al intercambio social de información en todo el mundo con varios otros profesionales y estudiantes por igual. La red también ofrece una amplia gama de servicios como capacitación, laboratorios de simulación, pasantías corporativas, listados de trabajo, programas de mentoría y reclutamiento y varias otras cosas.

Esquema menos extenso

Los profesionales de redes siempre parecen preguntarse cuál de los dos es mejor: ¿Microsoft o Cisco? Los Programas de Certificación de Cisco no incluyen ningún marco amplio, lo que simplifica la tarea del solicitante del curso de completar los módulos. Dado que estas certificaciones no son extremadamente exigentes, también puede buscar cualquier otra certificación adicional que desee.

Cuando obtiene la certificación CCNA de Cisco, puede progresar para convertirse en un experto en otras áreas de certificación en el dominio de redes. Además de todos los beneficios cuantitativos discutidos en este capítulo, hay otro beneficio que obtendrá. Este beneficio no es cuantificable y es una satisfacción personal. Una vez que obtenga la certificación, sin duda experimentará una sensación de satisfacción personal, especialmente si tiene la intención de realizar un curso de certificación profesional. Además, ¿no crees que te sentirás muy orgulloso de agregar esas cuatro letras mágicas (CNNA) después de tu nombre en una tarjeta de visita?

Los desarrollos e innovaciones cada vez mayores en el campo de las tecnologías de redes en todo el mundo predicen una inminente escasez de profesionales de redes calificados. Entonces, ¿cuál puede ser una mejor manera de consolidar su stand como profesional calificado en redes que obtener la certificación CCNA?

El papel cambiante de los ingenieros de redes principales

Muchas empresas ahora están adoptando arquitecturas de red programables. Es por esta razón que los empleados deberán desarrollar las habilidades necesarias para trabajar con esas arquitecturas. Muchas empresas se están deshaciendo de las interacciones basadas en CLI en las infraestructuras de enrutamiento y conmutación y están adoptando una interacción basada en el controlador que es impulsada por las políticas comerciales y de aplicaciones. Es por esta razón que Cisco ha actualizado el plan de estudios de Enrutamiento y Conmutación para garantizar que cada profesional de TI sepa cómo utilizar la tecnología. Las personas que no han renovado su certificación deben prestar atención a los siguientes cambios realizados por Cisco en la certificación de Enrutamiento y conmutación:

- Mayor enfoque en protocolos de enrutamiento IPv6, configuración y conocimiento.

- Comprensión de los recursos en la nube implementados en arquitecturas de red empresariales

- Temas de VPN ampliados para incluir DMVPN, VPN de sitio a sitio y tecnologías VPN de cliente

- Conocimiento de las arquitecturas de red programables (SDN) y la separación del plano de control y el plano de datos.

- Conocimiento de los conceptos de QoS, incluidos los mecanismos de marcado, configuración y vigilancia para gestionar la congestión de varios tipos de tráfico.

Como se mencionó anteriormente, Cisco hace todo lo posible para asegurarse de que incorpora los nuevos desarrollos tecnológicos en todas las certificaciones que proporciona. Cuando obtiene la Certificación de enrutamiento y conmutación, puede demostrar a las organizaciones y a otras personas en la industria de TI que conoce las últimas soluciones que puede utilizar en la industria. Muchos profesionales no renuevan su certificado ni se recertifican, ya que ya no requieren esa certificación. Sin embargo, esta es una mala idea, ya que puede perder oportunidades futuras.

Capítulo 7

La Forma Más Sencilla De Obtener La Certificación

Todos en la industria de redes saben que una certificación de Cisco ofrece numerosos beneficios tanto para el individuo como para la organización. Si está buscando una manera de impulsar su carrera en la industria de TI, es importante que complete al menos una certificación de Cisco. Cisco ofrece numerosas certificaciones que un novato o un experto pueden completar para mejorar su experiencia en la industria de TI. Los diferentes exámenes ofrecidos por Cisco se han enumerado en los próximos capítulos del libro.

Dado que Cisco ofrece diferentes certificaciones, siempre es bueno saber en qué orden debe completarlas. La certificación CCENT es una certificación de nivel básico seguida de las certificaciones CCNA. Estos últimos se clasifican como certificaciones de nivel asociado. Las certificaciones CCIP vienen después y son seguidas por las certificaciones CCNA y CCIE, que mejoran la carrera de un individuo. El objetivo de una certificación de Cisco es ayudarlo a mejorar su carrera en TI. Esta sección proporcionará una idea de lo que trata la certificación CCNA de enrutamiento y conmutación, y lo ayudará a identificar el camino que debe seguir para obtener la certificación.

Conceptos básicos de la certificación de enrutamiento y conmutación CCNA

Siempre es una buena idea obtener la certificación CCNA de enrutamiento y conmutación, ya que ayuda a desarrollar su carrera de TI. La mayoría de las empresas, grandes o pequeñas, se están moviendo hacia una arquitectura basada en controladores. Esto significa que es importante para usted mejorar sus habilidades de red para adaptarse al campo. También debe recordar que el campo de las redes es volátil. Es cierto que las habilidades que necesita desarrollar para trabajar como ingeniero de red principal han cambiado con los años. Por lo tanto, si puede actualizar sus habilidades más rápido, puede encajar fácilmente en el rol. De lo contrario, puede perder algunas oportunidades de trabajo o perder su trabajo actual.

La certificación de enrutamiento y conmutación lo ayudará a comprender las diferentes tecnologías que puede usar en la red. Esta certificación no viene con ningún requisito previo necesario.

Puede obtener la certificación CCNA de enrutamiento y conmutación aprobando uno o dos exámenes. Esta es la elección que Cisco le brinda. Puede optar por tomar el examen compuesto 200-125 o tomar los exámenes 100-105 ICND1 y 200-105 ICND2

Aproximadamente 200-125 exámenes CCNA

El examen 200-125 es un examen compuesto, y combina los cursos ICND1 e ICND2. La mayoría de los candidatos eligen tomar este examen. La prueba validará sus conocimientos y habilidades con respecto a las tecnologías de Conmutación LAN, servicios de infraestructura, seguridad de infraestructura, administración de infraestructura, tecnologías WAN y otros fundamentos de la red. Al igual que cualquier otro examen de certificación de Cisco, deberá responder setenta preguntas en noventa minutos. Estas preguntas vendrán en diferentes formatos: simulaciones, respuestas múltiples de opción múltiple, respuestas únicas de opción múltiple y arrastrar y soltar. Si trabaja como administrador de red, ingeniero asociado de red, ingeniero de soporte de red, especialista de red o analista de red, debe realizar este examen.

Entrenamiento recomendado

Es imprescindible que tome el curso de interconexión de dispositivos de red de Cisco: Acelerado (CCNAX) v3.0 si desea asegurarse de que aprobar el examen 200-125, que es el examen CCNA compuesto. El curso tiene toda la información que necesita saber para aprobar el examen. El curso también lo ayudará a aprender más sobre los temas que se cubren en el examen.

Como se mencionó anteriormente, también puede tomar el examen 100-105 ICND1 y el examen 200-105 ICND2 para obtener la certificación CCNA de enrutamiento y conmutación.

100-105 exámenes ICND1

Este examen es un examen de noventa minutos. En este examen, solo será evaluado a través de cincuenta y cinco preguntas. El examen evaluará sus habilidades, experiencia y conocimiento con respecto a los servicios de infraestructura, los fundamentos de la red, el mantenimiento de la infraestructura y las tecnologías de conmutación LAN.

200-105 exámenes ICND2

En este examen, se lo probará con las tecnologías WAN, tecnologías de conmutación LAN, servicios de infraestructura, tecnologías de enrutamiento IPv4 e IPv6 y mantenimiento. Tienes noventa minutos para responder sesenta preguntas. Estas preguntas pondrán a prueba tanto su conocimiento como sus habilidades. El formato de las preguntas es el mismo que el del examen 100-105.

Preparación para el examen

Cisco está en la cima en comparación con los diferentes proveedores de TI. Cisco le proporciona las herramientas y el material necesarios que le facilitarán obtener su certificación en el primer intento. Cisco intenta constantemente mejorar el material que crea para estas certificaciones para garantizar que proporciona a los lectores la información más reciente.

Cisco intenta constantemente mejorar el material que crea para estas certificaciones para garantizar que proporciona a los lectores la información más reciente. Desde la red de Cisco Learning hasta materiales de autoaprendizaje, así como algunos volcados de exámenes, tiene diferentes materiales que puede usar para aprobar su examen. Esta sección enumera algunas de las herramientas que puede usar para prepararse para el examen. Estas herramientas lo ayudarán a fortalecer su comprensión de los numerosos conceptos que aprenderá.

Materiales de autoaprendizaje

La red Cisco Learning proporciona numerosos materiales de autoaprendizaje que puede utilizar para obtener su certificación. Siempre debe inscribirse en los diferentes cursos disponibles en la red de aprendizaje, como los Dispositivos de red de interconexión de Cisco (partes uno y dos). También debe consultar los laboratorios que se realizan para estos cursos. Las materias y temas cubiertos en estos cursos lo ayudarán a aprender todos los conceptos que necesitará cubrir en el examen compuesto. Hay numerosos exámenes de práctica disponibles en la red de aprendizaje que lo ayudarán a evaluar sus conocimientos. Más información sobre estos cursos se ha proporcionado más adelante en el libro.

Videos de capacitación y seminarios web

Siempre puede pasar por las diferentes sesiones de aprendizaje y capacitación que se proporcionan en la web de aprendizaje de Cisco. Estas sesiones lo ayudarán a aprender más en muy poco tiempo. Existen numerosos recursos disponibles en la red de aprendizaje que se detallan en este libro.

Grupos de estudio

Siempre es una buena idea unirse a un grupo de estudio cuando decide presentarse para el examen, ya que puede asegurarse de prepararse bien para el examen. Siempre puedes construir tu red. Este grupo también actuará como un grupo de apoyo, ya que estudiarás con ellos para cubrir los diferentes conceptos del programa de estudios.

Volcados de examen

Un volcado de examen es tan importante, si no más importante, como el grupo de estudio al que desea unirse o el material de estudio que desea leer. Estos vertederos siempre contendrán todas las preguntas que se le pueden hacer en cualquier examen de certificación, y es por esta razón que siempre debe pasar por el vertedero cuando se prepare para el examen.

Cuando haya entendido los diferentes temas cubiertos en el programa de estudios, puede practicar todas las preguntas en el volcado del examen para fortalecer su comprensión. Estos vertederos también lo ayudarán a familiarizarse con diferentes preguntas.

Recertificación

La certificación CCNA de enrutamiento y conmutación tiene un período de validez de tres años. Dicho esto, siempre puede extender la validez al obtener una certificación que se encuentre a nivel profesional o experto. Por ejemplo, puede obtener una certificación CCIE que es válida por dos años. Puede extender fácilmente el período de validez de la certificación de enrutamiento y cambio obteniendo la certificación CCIE. Aprenderá más sobre cómo puede volver a certificarse más adelante en el libro.

En palabras simples, es importante recordar que puede lograr mucho al obtener cualquier certificación CCNA. Independientemente de la experiencia que tenga, puede sobresalir en su profesión si elige obtener las diferentes certificaciones que ofrece Cisco. Siempre obtendrá un buen trabajo con un buen salario si obtiene estas certificaciones.

Capítulo 8

Preguntas y Mitos Frecuente (FAQ)

FAQ

¿Qué cambios se han realizado en los programas de certificación de nivel asociado ofrecidos por Cisco?

Cisco declaró en Walk 26, 2013 que planeaba actualizar o rediseñar los programas de certificación de nivel asociado. Esto incluye las certificaciones CCNA y Cisco CCENT. Cisco trabaja en la reestructuración de estos cursos para garantizar que el material del curso esté alineado con los cambios en la tecnología en la industria de enrutamiento y conmutación. El material del curso para estos cursos también incluye tecnologías avanzadas de conmutación y enrutamiento que incluyen seguridad, control remoto y voz. Esta certificación anteriormente se llamaba Certificación CCNA, y ahora se ha desglosado en múltiples segmentos, y un segmento es la certificación de enrutamiento y conmutación.

Además, la mayoría de los exámenes de nivel asociado, incluidos CCNA Voice, CCNA SP Operations, CCNA Security y CCNA

Wireless, consideran que la certificación CCENT es un requisito previo. Debe visitar Cisco Learning Network para obtener más información sobre estas certificaciones de nivel asociado. Esta red también lo ayudará a aprender más sobre los numerosos cambios que se realizan en el programa de estudios.

¿Se están realizando cambios en el examen de enrutamiento y conmutación CCNA?

Cisco ha dividido la certificación CCNA en los exámenes ICND1 e ICND2. Cisco ha incluido los siguientes temas en el programa de estudios para la certificación: IPv6, investigación y la tecnología y software de enrutamiento y conmutación más recientes de Cisco. Cisco, como se mencionó anteriormente, siempre incluye conceptos más nuevos en el plan de estudios, ya que se están haciendo mejoras y avances en esta industria. Los exámenes 640-816 ICND2, 640-822 y 640-802 ahora serán reemplazados por 200-101 ICND2, 100-101 ICND1 y 200-120 CCNA respectivamente.

¿Por qué se han incluido tantos temas nuevos en los exámenes CCNA y CCENT Routing and Switching?

Numerosos clientes de Cisco en todo el mundo han afirmado que requieren que cada empleado con una certificación de Cisco, especialmente una certificación CCNA, tenga mejores habilidades y conocimientos. Para dar cabida a esta solicitud, Cisco ha trasladado algunas materias de la certificación ICND2 al examen de certificación ICND1. Si aprueba el examen ICND1 ahora, seguramente tendrá mejores habilidades y más conocimiento en comparación con un estudiante que aprobó el examen ICND1 anterior. El nuevo programa ahora lo ayudará a aprender más sobre los diferentes temas cubiertos en este examen. Asegúrese de aprobar este examen antes de presentarse al examen ICND2. Es cierto que esta adición al programa de estudios es un poco difícil de comprender para la mayoría de los estudiantes, pero siempre es una buena idea aprobar estos exámenes si desea tener una ventaja sobre su competencia.

Si deseo obtener la certificación CCNA de enrutamiento y conmutación, ¿cuáles son los requisitos necesarios que debo cumplir?

Si desea obtener la certificación CCNA de enrutamiento y conmutación, debe aprobar los siguientes exámenes:

Examen compuesto 200-125 CCNAX

o

100-105 ICND1

200-105 ICND2

¿Hay algún curso de capacitación formal al que deba asistir para obtener la certificación?

No es necesario asistir a ninguna capacitación formal si desea presentarse a estos exámenes. Dicho esto, siempre es una buena idea que solo tome algunas sesiones dirigidas por un instructor mientras se prepara para el examen. Estas sesiones le darán la oportunidad de aprender más sobre el tema.

¿Dónde debo registrarme para tomar un curso de capacitación dirigido por un instructor?

Es imprescindible tener en cuenta que solo aquellos socios de aprendizaje autorizados por Cisco pueden proporcionar sesiones dirigidas por un instructor. Estas sesiones siempre serán impartidas por aquellos instructores que hayan sido certificados por Cisco. Debe visitar el Localizador de socios de aprendizaje en el sitio de Cisco para identificar los centros más cercanos a usted.

¿Hay algún requisito previo que deba cumplir para obtener la certificación CCNA de enrutamiento y conmutación?

Puede realizar el examen en cualquier momento dado que no hay requisitos previos. Dicho esto, siempre es bueno tener algo de experiencia en el campo de las redes.

¿Qué puestos de trabajo puedo solicitar una vez que obtenga la certificación CCNA de enrutamiento y conmutación?

Estará preparado para los siguientes roles una vez que obtenga la certificación:

- Ingeniero de soporte de redes

- Especialista en redes

- Administrador de red

- Ingeniero asociado de red

- Analista de redes

¿Qué tan pronto debo recertificar mi certificación?

Es importante recordar que el período de validez para el examen de Enrutamiento y cambio de CCNA es de solo tres años, y es importante que se recertifique una vez que finalice el período. El siguiente capítulo proporciona más información sobre cómo puede volver a certificarse.

Hay algún material de autoaprendizaje que pueda usar para preparar la certificación?

Cisco ofrece mucho material de autoaprendizaje. Algunas de las opciones son:

- Exámenes de práctica de certificación de Cisco

- Cursos de e-learning

- Cisco Press

- Cisco Learning Labs

Mitos sobre CCNA

Un problema con Internet es que les da a algunas personas el poder de difundir información incorrecta sobre cualquier cosa. Internet también permite que los rumores y la información incorrecta se difundan rápidamente. El hecho es que la historia siempre es exagerada a medida que avanza de una plataforma a la siguiente, y los exámenes CCNA no son una excepción a esto. Hay algunos mitos sobre los exámenes CCNA y CCNP, que se han cubierto en esta sección.

Las preguntas que se le hacen en el examen se basan en la encuesta que completa al comienzo del examen.

Se requiere que cada estudiante complete una encuesta antes de comenzar la prueba. Esta encuesta preguntará a los candidatos sobre los diferentes temas con los que se sienten cómodos y también habla sobre algunas tecnologías con las que se sienten cómodos. Es difícil calificarlo como ISDN, Frame Relay y otras tecnologías, ya que está a punto de realizar un examen que cubre esos temas. Por lo tanto, es posible que le preocupe cómo las preguntas afectarán su examen. La verdad es que sus respuestas a las preguntas de la encuesta no importan. Hay algunos foros y publicaciones en Internet, que le dirán que siempre debe calificarse como excelente en cualquier tema que se le pregunte. Creen que las preguntas formuladas sobre ese tema serán fáciles de cubrir. Si baja la calificación, aumentará la dificultad de las preguntas formuladas sobre ese tema. Cisco ha desmentido este mito, y es importante que no lea demasiado las preguntas formuladas en la encuesta. No debe preocuparse demasiado cuando complete la encuesta.

Cuando responde una pregunta incorrectamente, el examen le hará preguntas sobre ese tema hasta que obtenga una respuesta correcta.

Cisco no sigue el patrón de pruebas adaptativas en ninguno de los exámenes de certificación que realiza. Todas las preguntas formuladas durante el examen se tomarán de una gran base de preguntas. Si ha aparecido para el examen Novell o el GMAT, comprenderá lo que quiero decir con pruebas adaptativas. Por lo tanto, no hace falta decir que los exámenes CCNA no son nerviosos.

Su respuesta se marcará incorrectamente para las preguntas del simulador si incluye un comando adicional.

Tanto los exámenes CCNA como CCNP utilizan el motor del simulador. Este motor solo actuará como un enrutador o un interruptor. Por lo tanto, puede usar algunos comandos adicionales durante el examen. Se le darán instrucciones e información sobre el motor que está utilizando antes del examen. Recuerde relajarse e intentar configurar el interruptor de la misma manera que lo hacía cuando practicaba sus laboratorios.

Está listo para aprobar su examen cuando ingresa a la sala con una combinación de habilidades de resolución de problemas de configuración, experiencia práctica y conocimiento teórico. Nunca debes dejar que algunos chismes de Internet te distraigan.

Cosas a tener en cuenta

CCNA es un examen completo

Independientemente de la certificación CCNA para la que se presente, notará que las preguntas se extienden a través de los diferentes temas cubiertos en el programa de estudios. Verá que las preguntas no solo se basan en temas de TCP / IP, sino que también cubren preguntas sobre cómo se pueden utilizar los protocolos de enrutamiento para abarcar árboles. Hay mucho que cubrir en el examen CCNA, y es por esta razón que el examen se considera difícil. Los instructores y expertos afirman que cada candidato siempre debe enfocarse en los temas de la ICND si desean crear una base para ellos mismos. Esto significa que deberá comprender todo el material para esos exámenes.

El examen CCNA es muy rápido.

El examen CCNA es un examen muy rápido en el sentido de que solo tiene noventa minutos para responder sesenta preguntas. Es muy difícil para cualquiera responder esas preguntas en el corto período de tiempo, pero si está bien preparado, puede pasar las preguntas rápidamente. Debes recordar enfocarte en tu entrenamiento y experiencia. La mayoría de las preguntas del examen se centrarán en problemas del mundo real.

Cisco Certified Network Professional y CCNA Routing and Switching son adecuados para las personas interesadas en la creación de redes, pueden realizar este examen si tienen un mínimo de 1 año de experiencia en el negocio de las redes. Puede trabajar de forma independiente después de los exámenes CCNP y CCNA Certified.

Cisco Certified Network Professional validará que el candidato después de aprobar este examen tendrá confianza en la planificación, verificación y resolución de problemas de áreas de red amplias. El candidato también puede colaborar con especialistas en la industria que son avanzados en soluciones de video, voz e inalámbricas. Lograr este certificado indica dominio sobre las habilidades que se requieren en roles emprendedores como técnico de redes, ingeniero de soporte, ingeniero de redes e ingeniero de soporte.

El conocimiento y las habilidades sobre el protocolo de enrutamiento y conmutación que obtendrá mientras busca la Certificación de Cisco son una base eterna para alguien que acaba de comenzar su carrera en este campo o alguien con años de experiencia. Desempeñan un papel importante para las funciones de red para el futuro, así como para la red actual.

Las habilidades requeridas para el papel de un ingeniero de redes evolucionan significativamente a medida que una red empresarial obtiene mayores cantidades de demandas. El campo es competitivo y requiere que los profesionales de TI estén capacitados y actualizados con habilidades de redes y avance tecnológico.

Los fundamentos de redes de Cisco

Las certificaciones de enrutamiento y conmutación CCNA le enseñarán los diferentes fundamentos de las redes Cisco si está buscando trabajar en ese campo. Esta certificación se centra en las habilidades básicas de redes IP. También enseña a las personas cómo solucionar cualquier problema. Una certificación CCNA lo ayudará a aprender más sobre el diseño y la configuración de conmutadores LAN, identificar amenazas básicas, configurar enrutadores IP, instalar y verificar la red básica IPv4 e IPv6, comprender las topologías, configurar EIGRP, conectarse a una WAN, configurar OSPF en IPv4 e IPv6 , comprender los problemas de red y el área amplia de las tecnologías, comprender la administración de dispositivos y las licencias de Cisco.

Aprenderá más sobre el curso y algunas habilidades que lo ayudarán en su trabajo. Su carrera también mejorará una vez que obtenga la certificación CCNA, ya que este examen garantizará que desarrolle las habilidades necesarias para desempeñarse eficazmente en su empresa. Este certificado es aceptado por numerosas organizaciones, ya que le ayudará a aprender más sobre las redes.

Objetivos del examen

Esta sección cubre los objetivos del enrutamiento, conmutación y examen CCNA.

Fundamentos de la red

Este es el primer módulo que se trata en el programa de estudios e incluye temas fundamentales como protocolos TCP / IP, firewalls, etc. y otros relacionados con las redes. También se incluyen los detalles de la dirección Ipv4, Ipv6.

Tecnologías de conmutación LAN

En este módulo, se incluyen diferentes conceptos de conmutación de una red como configuración, protocolos STP, conectividad entre conmutadores, etc.

Tecnologías de enrutamiento

Este módulo cubre los conceptos básicos de la tecnología de enrutamiento y también incluye conceptos sobre el enrutamiento y la tabla de enrutamiento. Este módulo proporciona información sobre los tipos de enrutamiento como estático y dinámico, protocolos de enrutamiento tanto interiores como exteriores, y algunos otros como OSPFv2 para Ipv4.

Tecnologías WAN

Este módulo incluye un estudio detallado de la configuración y verificación de PPP y MLPPP en las interfaces WAN. También habla sobre las interfaces del lado del cliente PPPoE que usan autenticación local. También se incluyen opciones para conectividad WAN y conceptos básicos de QoS.

Servicios de infraestructura

Los temas de este módulo incluyen operación de bucle DNS, resolución de problemas de conectividad del cliente, configuración y verificación de DHCP en enrutadores, conceptos básicos de HSRP, etc.

Seguridad de infraestructura

Los temas que se tratan en este módulo incluyen seguridad de puertos, técnicas de mitigación para amenazas comunes de la capa de acceso, filtrado de tráfico, etc. Este módulo también cubre cierta información sobre la configuración, verificación y solución de problemas que pueden surgir durante el endurecimiento del dispositivo.

Gestión de Infraestructura

Este módulo cubre la administración de dispositivos que están presentes en el sistema de red. El módulo también cubre la configuración y verificación de los protocolos de monitoreo del dispositivo. También proporciona información sobre cómo se puede mantener el rendimiento del dispositivo.

Fundamentos de la red

- Comparar y contrastar modelos OSI y TCP / IP

- Comparar y contrastar protocolos TCP y UDP

- Describir el impacto de los componentes de infraestructura en una red empresarial.

  - Cortafuegos

  - Puntos de acceso

  - Controladores inalámbricos

- Describir los efectos de los recursos en la nube en la arquitectura de red empresarial.

  - Ruta de tráfico a servicios en la nube internos y externos

  - Servicios virtuales

  - Infraestructura básica de red virtual

- Ruta de tráfico a servicios en la nube internos y externos

- Servicios virtuales

- Comparar y contrastar arquitecturas centrales y de tres niveles contraídas

- Configurar y verificar los tipos de dirección IPv6

- Selección del tipo de cableado apropiado según los requisitos de implementación

- Comparar y contrastar los tipos de direcciones Ipv4

- Unicast

- Broadcast

- Multicast

• Comparación y contraste de topologías de red.

  - estrella

  - malla

  - Híbrido

• Verificación de la configuración y resolución de problemas de direccionamiento Ipv6

• Comparación y contraste de tipos de direcciones Ipv6

  - Unicast global

  - Local único

  - Enlace local

  - Multicast

  - EUI modificado 64

  - Configuración automática

  - Cualquier reparto

Operación de redes de datos IP

• (SDN) Conocimiento de arquitecturas de red programables.

• Reconozca el propósito y la función de varios dispositivos de red, como enrutadores, conmutadores, puentes y concentradores.

- Temas de VPN ampliados, DMVPN, VPN de sitio a sitio, tecnologías VPN de cliente.

- Mayor enfoque en protocolos de enrutamiento IPv6, configuración y conocimiento.

- Conocimiento de los conceptos de QoS.

- Seleccione el componente requerido para cumplir con una especificación de red dada.

- Comprensión de los recursos en la nube implementados en la arquitectura de red empresarial.

- Describir el propósito de las redes.

- Identificar aplicaciones comunes y su impacto en la red.

- Predecir el flujo de datos entre dos hosts en una red

- Identifique los medios, puertos, cables y conexiones adecuados para conectar el dispositivo de red Cisco a otro dispositivo de red y host en una LAN

Tecnologías de conmutación LAN

- Configurar y verificar la configuración inicial del conmutador, incluida la administración de acceso remoto

- Determinar la tecnología y el método de control de acceso a medios para redes Ethernet

- Verifique el estado de la red y cambie la operación utilizando utilidades básicas como PING, TELNET y SSH

- Identificar los conceptos básicos de conmutación y el funcionamiento de los conmutadores Cisco.

- Identificar tecnologías de conmutación mejoradas

- Configurar y verificar VLAN

- Configurar y verificar el enlace troncal en los conmutadores Cisco

- Configurar y verificar la operación PVSTP

- Describa cómo las VLAN crean redes lógicamente separadas y la necesidad de enrutamiento entre ellas.

- Solucionar problemas de interfaz y cable (colisiones, errores, dúplex, velocidad)

- Describir y verificar conceptos de conmutación.

- Configurar y verificar la resolución de problemas de VLAN (rango normal / extendido) que abarcan varios conmutadores

- Describir los beneficios del apilamiento de conmutadores y la agregación de chasis.

Direccionamiento IP - Ipv4 e IPv6

- Identifique el esquema de direccionamiento IPv6 apropiado para satisfacer los requisitos de direccionamiento en un entorno LAN / WAN

- Identifique el esquema de direccionamiento IPv4 apropiado utilizando VLSM y resumen para satisfacer los requisitos de direccionamiento en un entorno LAN / WAN

- Describir la operación y la necesidad de usar direcciones IP privadas y públicas para el direccionamiento IPv4.

- Describir los requisitos tecnológicos para ejecutar IPv6 junto con IPv4, como la pila dual.

- Describir las direcciones IPv6.

Tecnologías de enrutamiento IP

- Describir los conceptos básicos de enrutamiento.

- Describir el proceso de arranque de los enrutadores Cisco IOS.

- Diferenciar métodos de enrutamiento y protocolos de enrutamiento

- Configurar y verificar el estado operativo de una interfaz de dispositivo, tanto serial como Ethernet

- Configurar y verificar utilizando la CLI para establecer la configuración básica del enrutador

- Configurar y verificar la configuración de enrutamiento para una ruta estática o predeterminada dados los requisitos de enrutamiento específicos

- Configurar y verificar OSPF (área única)

- Configurar y verificar EIGRP (AS único)

- Configurar y verificar el enrutamiento interVLAN (enrutador en un dispositivo)

- Configurar interfaces SVI

- Administre los archivos de Cisco IOS

- Verifique la configuración del enrutador y la conectividad de red

- Interpretar los componentes de una tabla de enrutamiento.

- Solucione problemas de conectividad de extremo a extremo de la capa 3 básica.

Servicios de IP

- Configurar y verificar DHCP (IOS ROUTER)

- Configurar y verificar ACL en un entorno de red.

- Configurar y verificar NAT para los requisitos de red dados

- Configurar y verificar NTP como cliente

- Configurar y verificar Syslog

- Describir los tipos, características y aplicaciones de las ACL.

- Describir SNMP v2 y v3.

- Identificar el funcionamiento básico de NAT.

- Reconocer alta disponibilidad (FHRP)

Seguridad de dispositivos de red

- Configurar y verificar la función de seguridad del dispositivo de red

- Configure y verifique las ACL para limitar el acceso telnet y SSH al enrutador

- Configurar y verificar las características de seguridad del puerto del conmutador

- Configurar y verificar ACL para filtrar el tráfico de red.

Tecnologías Wan

- Identificar diferentes tecnologías WAN.

- Configuración y verificación de PPP y MLPPP utilizando autenticación local en interfaces WAN

- Describir las opciones de conectividad WAN.

    - MPLS

    - Metro Ethernet

    - Banda ancha PPPoE

    - VPN de Internet

- Configurar y verificar una conexión serie WAN básica

- Implementar y solucionar problemas de PPPoE

- Configurar y verificar frame relay en los enrutadores Cisco

- Configurar y verificar la conexión PPP entre los enrutadores Cisco

- Describir las opciones de topología de WAN.

- Describir los conceptos básicos de QoS.

- Calificación

- Confianza del dispositivo

- Priorización

- Formación

- vigilar

- Gestión de congestión

Servicios de infraestructura

- Descripción de la operación de búsqueda de DNS

- Solución de problemas de conectividad del cliente que involucran DNS

- Configuración y verificación de DHCP en el enrutador

    - Servidor

    - Relé

    - Cliente

    - TFTP, DNS, opciones de puerta de enlace

- Solución de problemas de conexión de DHCP basados en cliente y enrutador

- Verificación de la configuración y solución de problemas de HSRP básico

    - Prioridad

    - Preemption

    - Versión

- Verificación de configuración y resolución de problemas dentro de NAT de origen

  - Estático

  - Piscina

  - PAT

- Configuración y verificación de NTP operando en modo cliente o servidor

Seguridad de infraestructura

- Configuración, verificación y solución de problemas de seguridad del puerto

  - Estático

  - Dinámico

  - Pegajoso

  - Direcciones MAC máximas

  - Acciones de violación

  - Err-deshabilitar la recuperación

- Descripción de técnicas comunes de mitigación de amenazas de la capa de acceso.

  - 802.1x

  - DHCP snooping

  - VLAN nativa no predeterminada

- Configuración, verificación y solución de problemas de la lista de acceso Ipv4 e Ipv6 para filtrar el tráfico

  - Estándar

  - Extendido

  - Nombrado

- Verificación de ACLS utilizando la herramienta de análisis de seguimiento de ruta APIC-EM

- Configuración, verificación y resolución de problemas de endurecimiento básico del dispositivo.

- Autenticación local

- Contraseña segura

- Acceso al dispositivo

  - Dirección de origen

  - Telnet / SSH

- Banner de inicio de sesión

- Descripción de la seguridad del dispositivo usando AAA con TACAS + y RADIUS

Gestión de Infraestructura

- Configuración y verificación de protocolos de monitoreo de dispositivos.

  - SNMPv2

  - SNMPv3

- Syslog

- Solución de problemas de conectividad de red con ICMP SLA IP basado en eco

- Configuración y verificación de la configuración inicial del dispositivo.

- Realizar mantenimiento del dispositivo

  - Actualizaciones y recuperación de Cisco IOS (verificación de SCP, FTP, TFTP y MD5)

  - Recuperación de contraseña y registro de configuración

  - Gestión del sistema de archivos

- Usar las herramientas de Cisco para solucionar problemas y resolver problemas

  - Ping y traceroute con opción extendida

  - Monitor de terminal

  - Registrar eventos

  - SPAN local

- Describir la capacidad de programación de la red en la arquitectura de red empresarial.

  - Función de un controlador

  - Separación del plano de control y el plano de datos

  - API hacia el norte y hacia el sur.

Capítulo 9

Material de aprendizaje requerido para su enrutamiento y conmutación CCNA

Antes de presentarse a un examen, es esencial elegir el material de aprendizaje adecuado. Idealmente, debe incluir información sobre el examen, las preguntas esenciales relacionadas con el curso, la estructura del curso en detalles y el contenido del examen. Esto ayuda al candidato a prepararse bien y presentarse para el examen. Para su examen de enrutamiento y conmutación CCNA, los siguientes son los factores importantes a tener en cuenta antes de elegir el material correcto.

Cuidado con el material gratis

Mientras se prepara para su examen, es posible que tenga la noción de que necesitará los mejores recursos para estudiar, y puede depender de libros caros y material del curso para aprender. Pero muchos sitios web actualmente ofrecen materiales de estudio para este examen de forma gratuita. Antes de apresurarse a comprar, realice una investigación exhaustiva en línea o en su organización para obtener el material adecuado sin tener que pagar ningún dinero por adelantado.

Tus compañeros son tu mayor recurso

Nada se comparará con el conocimiento que un Asociado certificado de CCNA Network puede brindarle. Haga arreglos para una sesión individual con su mentor elegido para obtener la dirección correcta y, si es posible, tome prestados sus notas y libros. Esto puede ser muy útil para usted durante la preparación. Simplemente dirija sus preguntas a alguien que ya haya escrito el examen y busque y pida orientación de ellos.

Mezclar

La mejor manera de aprender algo es involucrando todos tus sentidos. Elija diferentes medios de aprendizaje, que le permitan estar alerta para desear más, y así mejorar su experiencia de aprendizaje. Elija una combinación de audios, video, texto, gráficos y datos en tiempo real, lo que generará un enfoque holístico de aprendizaje a partir de material de estudio personalizado durante el examen. Esta combinación de recursos se asegurará de que esté involucrado en el tema.

Mantente actualizado

Siempre es bueno estar actualizado con los avances tecnológicos actuales durante el examen. Asegúrese de mantenerse actualizado con lo que sucede en el mundo de la tecnología y la red. Los materiales de estudio solo pueden enseñarte mucho; agregar información relevante que esté actualizada junto con el conocimiento teórico puede ser muy útil.

Ponte práctico

Es bueno tener parte de su material de aprendizaje como materia práctica. Si ya es un empleado de la organización Cisco, le servirá de base para intentar y probar todo lo que ve para registrarse y obtener la información práctica.

Los siguientes recursos pueden ayudarlo a obtener acceso a la información requerida que necesita sobre todos los temas para su examen de enrutamiento y conmutación CCNA

El material de estudio oficial de Cisco

En la Lista de exámenes maestros, en la sección Enrutamiento y conmutación, encontrará los enlaces hacia el material y el programa de estudios para todos los exámenes. En la pestaña Enrutamiento y conmutación, tiene el examen ICND1 e ICND2 y el kit CCNA Composite Examination con todos los temas que pueden ayudarlo a prepararse para el examen. Cada uno de estos exámenes tiene una contribución porcentual de cada tema hacia el tema que atiende a temas difíciles versus temas más fáciles. Puede encontrar el enlace al examen maestro aquí.

A medida que las organizaciones están migrando hacia un marco basado en el control, el rol, así como las habilidades necesarias para un ingeniero de red central, están evolucionando rápidamente. Esta necesidad de habilidades y conocimientos se ha vuelto más evidente que nunca. La certificación CCNA de enrutamiento y conmutación le proporcionará el conocimiento sobre las tecnologías fundamentales y garantizará que sus habilidades se mantengan relevantes a medida que se lleva a cabo esta transición de red.

En esta sección, aprenderá más sobre los materiales de estudio y el programa de capacitación que puede usar para completar su Certificación CCNA

Materiales de autoaprendizaje

Interconexión de dispositivos de red de Cisco - Parte 1

Interconexión de dispositivos de red de Cisco, Parte 1 (ICND1) es un portal de aprendizaje electrónico diseñado para ayudarlo a prepararse para el Examen de certificación de enrutamiento y conmutación CCNA para todos los temas que se cubren en el examen 100-105 ICND1.

Este curso está estructurado de tal manera que le proporcionará una comprensión básica de la red de Capas 1 a 3 que son necesarias para el enrutamiento central y el cambio junto con varias otras tecnologías progresivas. Se han incluido varios temas en la última versión, como la información sobre la comprensión de las interacciones que tienen lugar y el funcionamiento de la red de firewalls, controladores inalámbricos y puntos de acceso. Además de esto, también aprenderá sobre IPv6 y los fundamentos de la seguridad de la red. Se le presentarán diferentes comandos de configuración y, para simplificar las cosas, se le proporcionarán diferentes ejemplos y ejercicios de laboratorio relacionados.

Este curso está diseñado para que la capacitación que obtenga sea tan efectiva como el aprendizaje en el aula. Los contenidos del curso están disponibles en forma de videos para instructores, así como en textos que se presentan en un formato fácil de entender. Aunque este es un curso a su propio ritmo, garantiza la interactividad a través de preguntas basadas en la revisión de contenido, Challenge Labs con pruebas calificadas y Discovery Labs. Estos diferentes aspectos aseguran una experiencia de aprendizaje práctica y al mismo tiempo aumentan la eficiencia y la efectividad del curso. Además de esto, les da a los estudiantes la oportunidad de obtener comentarios directos sobre su comprensión del contenido del curso. Para motivar a los estudiantes a mejorar, este módulo proporciona clasificaciones integradas y distintivos de mérito.

Al completar con éxito este curso, podrá:

- •Definir los fundamentos de las redes y construir LAN básicas.

- Asegure y administre dispositivos de red

- Trabajar en redes en expansión que son pequeñas o medianas

- Poder describir los fundamentos de IPv6

Este curso está especialmente diseñado para administradores de redes, especialistas en redes, ingenieros de soporte de redes y socios de canal de Cisco. No hay requisitos previos de este curso en sí, pero tener las habilidades y el conocimiento sobre los siguientes temas sin duda será útil. Los temas son conocimientos básicos de computación, elementos esenciales del sistema operativo de PC y habilidades de navegación, habilidades primarias de uso de Internet y los conceptos básicos de los sistemas de direccionamiento IP.

La certificación asociada de este curso es CCNA Routing and Switching y el examen asociado es 100-1051 ICND1. Inglés, japonés, chino y español son los idiomas admitidos por este módulo. Actualmente, los videos instructivos están disponibles en inglés y español.

Laboratorio de aprendizaje de cisco para ICND1

Todo este conjunto de laboratorios de software Cisco IOS se creó para ayudar a los estudiantes a prepararse para su examen ICND1 (100-105). Estos laboratorios funcionan con el software Cisco IOS equipado con funciones de Capa 2 y Capa 3, son compatibles con CLI y son accesibles las 24 horas, los 7 días de la semana, por lo que puede estudiar y aprender a su conveniencia.El conjunto de laboratorios disponibles en esta sección lo ayudará a adquirir competencia en configuración, administración y resolución de problemas de conmutadores y enrutadores Cisco. Este producto de capacitación viene con Discovery Labs y Challenge Labs. Discovery Labs proporciona aprendizaje guiado para que pueda aprender sobre diferentes conceptos y Challenge Labs lo ayudará a evaluar su comprensión de todo lo que aprende: conocimiento teórico, así como la aplicación práctica de habilidades para mejorar su comprensión de todos los temas relacionados con el enrutamiento CCNA y Certificación de cambio.

Este plan de estudios de laboratorio consta de 45 piezas diferentes para que pueda completar y está en línea con los objetivos de aprendizaje requeridos para el examen 100-105 ICND1. Una vez que complete este examen, será elegible para una certificación CCENT.

Interconexión de dispositivos de red de Cisco - Parte 2

Interconexión de dispositivos de red de Cisco, parte 2 (ICND2) es un portal de aprendizaje electrónico diseñado para ayudarlo a prepararse para la certificación de enrutamiento y conmutación CCNA. Examen de todos los temas cubiertos en el examen 200-105 ICND2.

Este es un curso técnico autodidacta de nivel asociado y es parte del plan de estudios del curso de la certificación CCNA de enrutamiento y conmutación. Brinda a los administradores de red las habilidades e información necesarias para instalar, configurar, operar y solucionar problemas de la red de una pequeña empresa. Se han hecho un par de adiciones significativas al plan de estudios del curso existente. Esta es información sobre los elementos de calidad de servicio (QoS) y su aplicación, la interacción y el impacto de los servicios virtuales y en la nube en la red de la empresa y la descripción general de la capacidad de programación de la red y los tipos de controladores asociados y las herramientas disponibles para admitir cualquier arquitectura de red definida por el software.

El curso está estructurado de manera similar a la ICND1 y al completar con éxito este curso, podrá:

- Trabaje con LAN medianas con varios conmutadores compatibles con VLAN, enlaces troncales y árboles de expansión.

- Resolver problemas relacionados con la conectividad IP

- Comprender la configuración y la resolución de problemas de EIGRP en un sistema IPv4 y la configuración de EIGRP para IPv6

- Comprender con éxito los rasgos, funciones y diferentes aspectos de WAN

- Comprender las formas en que se puede ejecutar la administración de dispositivos utilizando tecnología convencional e inteligente

No hay requisitos previos de este curso en sí, pero tener el conocimiento y las habilidades sobre los siguientes temas sin duda será útil. Los temas son fundamentales de las redes, la implementación de redes de área local, la implementación de la conectividad a Internet, la administración de dispositivos, el conocimiento sobre la seguridad de los dispositivos de red y la implementación de la conectividad IPv6. La certificación asociada de este curso es CCNA Routing and Switching y el examen asociado es 200-1051 ICND2.

Inglés, japonés, chino y español son los idiomas admitidos por este módulo. Actualmente, los videos instructivos están disponibles en inglés y español.

Laboratorio de aprendizaje de cisco para ICND2

Todo este conjunto de laboratorios de software Cisco IOS se creó para ayudar a los estudiantes a prepararse para su examen ICND2 (200-105). Estos laboratorios funcionan con el software Cisco IOS equipado con las funciones de Capa 2 y Capa 3, son compatibles con CLI y son accesibles las 24 horas, los 7 días de la semana. Nuevamente, cuando se trata de autoaprendizaje, la estructura del módulo no puede ser más conveniente que esto.

Esta es la segunda parte de los laboratorios de ICND y lo ayudará a familiarizarse mejor con la configuración, la administración y la solución de problemas de los enrutadores y conmutadores Cisco. Al igual que el producto de entrenamiento anterior, este es una combinación de Discovery Labs y Challenge Labs. Estas dos cosas te ayudarán a aprender y luego te permitirán ponerte a prueba en los temas aprendidos. Este plan de estudios de laboratorio consta de 44 piezas diferentes para que pueda completar y está perfectamente alineado con los objetivos de aprendizaje requeridos para el examen 200-105 ICND2. Una vez que apruebe este examen, recibirá la certificación de CCNA Routing and Switching Certification.

Exámenes de práctica de certificación

MeasureUp proporciona Exámenes de práctica de certificación de Cisco para ayudar a evaluar su nivel de comprensión y habilidades al proporcionarle temas de tecnología de Cisco (estas no son las preguntas que podrían surgir en el examen final) que están relacionadas con varios exámenes de certificación ofrecidos como

Cisco CCENT, Cisco Enrutamiento y conmutación CCNA, Cisco CCNP ROUTE, Cisco CCNP SWITCH y Cisco CCNA Security.

Además de esto, Cisco también ofrece una extensa red de recursos de aprendizaje que incluye material de estudio de CCNA, sesiones de estudio de CCNA Routing and Switching y acceso a los últimos blogs sobre CCNA Routing and Switching.

Formación

Una de las mejores formas de prepararse para la certificación de enrutamiento y conmutación CCNA es inscribirse en los diferentes programas de capacitación aprobados por Cisco. Puede inscribirse en el curso CCNAX o inscribirse en los cursos independientes ICND1 e ICND2.

Interconexión de dispositivos de red de Cisco Parte 1 (ICND1)

El curso ICND1 lo ayudará a aprender los conceptos básicos de las capas de red, que son importantes para el enrutamiento y la conmutación. También aprenderá más sobre los conceptos básicos de enrutamiento y conmutación que crearán una base para algunas tecnologías avanzadas. El plan de estudios cubierto en este módulo de capacitación es el mismo que el plan de estudios cubierto en el curso ICND1. Consulte la sección anterior para obtener más información sobre el examen ICND1.

Interconexión de dispositivos de red de Cisco Parte 2 (ICND2)

El programa de estudios o el contenido cubierto en este módulo de capacitación es el mismo que el material del curso que deberá preparar si escribe el examen ICND2. Consulte la sección anterior para obtener más información sobre el examen ICND2. La diferencia entre este programa de capacitación y el aprendizaje a su propio ritmo es que el primero tiene numerosos ejercicios de laboratorio en los que puede trabajar para dominar los diferentes módulos de capacitación.

Inscripción

Puede inscribirse en el examen compuesto o en los exámenes ICND1 e ICND2, según el que elija presentarse de las siguientes maneras:

1. Elija una sesión de capacitación dirigida por un instructor e inscríbase en esa sesión en la página Cisco Learning Locator.

2. Inscríbase para una sesión de capacitación grupal privada en Cisco Private Group Training.

3. Visite Cisco Learning Network Store si desea elegir un programa de aprendizaje electrónico a su propio ritmo.

4. Debe visitar la Biblioteca de aprendizaje Cisco Platinum si solo desea acceder a la biblioteca digital.

Interconexión de dispositivos de red de Cisco: acelerado (CCNAX)

Este curso es la fusión perfecta de los dos cursos de capacitación: ICND1 e ICND2. Este es un curso de capacitación de 5 días. En este curso, aprenderá sobre la instalación, administración, operación, configuración y los fundamentos del Protocolo de Internet versión 4 o IPv4 junto con el Protocolo de Internet versión 6 o red IPv6. .

Además de todos estos temas, este curso de capacitación de 5 días le proporcionará información sobre la configuración de un conmutador LAN, un enrutador IP, las formas de conectarse a una red WAN y las habilidades necesarias para identificar posibles infracciones de seguridad. Este curso combinado le enseñará los consejos y pasos básicos para la solución de problemas que se utilizan en las redes de una empresa mientras lo prepara para la certificación CCNA.

Los diferentes elementos incluidos en este programa de capacitación son la calidad de servicio (QoS), así como sus aplicaciones, el efecto de los servicios virtuales y en la nube en las redes empresariales y su interacción y una descripción detallada de la programabilidad de la red junto con las herramientas correspondientes y las variedades de controladores que están disponibles para admitir una arquitectura de red definida por software (SDN). La lista de cosas que aprenderá de este curso no termina. Aprenderá sobre las interacciones y funciones de los cortafuegos, el controlador inalámbrico y su punto de acceso y los conceptos básicos de seguridad de red e IPv6. Como se mencionó, esta es la combinación de los dos cursos: ICND1 e ICND2. Este curso consiste en una capacitación dirigida por un instructor que se extiende durante cinco días e incluye práctica de laboratorio también. Al final de este curso, podrá realizar todos los objetivos proclamados por este curso. Es apropiado para administradores de redes, ingenieros de soporte, ingenieros de redes asociados y especialistas en redes, así como analistas. Puede inscribirse en un curso de capacitación dirigido por un instructor o en un curso de capacitación grupal privada visitando las páginas disponibles en el sitio web oficial de Cisco: "Cisco Learning Locator" y "Cisco Private Group Training" respectivamente.

Material del curso oficial de Cisco para la compra

Puede acceder a todo el material requerido para prepararse para el examen de certificación con solo pagar $ 750. Hay algunos temas que se pueden descargar de forma gratuita, mientras que hay otros que se venden a un precio más bajo. Debe asegurarse de verificar el contenido y verificar que el material no sea repetitivo.

Capítulo 10

Consejos para el Examen

A hora debe conocer los diferentes conceptos e información que se cubren en el examen CCNA Routing and Switching. Veamos ahora algunos consejos que lo ayudarán a memorizar tanto como pueda y también lo ayudarán a rendir mejor en su examen. Puede realizar la prueba si crea un plan de estudio y se apega a ese plan. Los consejos de este capítulo han ayudado a muchos estudiantes a desempeñarse bien en sus exámenes, y estoy seguro de que también lo ayudarán a desempeñarse bien.

Organiza un espacio de estudio

Crea un espacio en tu casa donde solo estudiarás. Si quiere asegurarse de aprender cuando está estudiando, debe mantenerse alejado de cualquier distracción. Nunca se acueste en el sofá o la cama cuando esté leyendo. Solo te sentirás letárgico y con mucho sueño. Debería encontrar una mesa y darse un poco de espacio para guardar sus libros y notas. Encuentre una silla cómoda que evite dolores de espalda. También debe asegurarse de que su teléfono esté lejos de usted. No mantenga su computadora portátil cerca de usted a menos que asista a una capacitación. Deshacerse de las distracciones lo ayudará a concentrarse y aprender mejor. La forma en que las personas estudian difiere a veces. Si eres alguien que puede concentrarse cuando hay un silencio total, debes estudiar en una habitación cerrada para que nadie pueda distraerte. También podrías estudiar mejor con un poco de música instrumental baja.

Participe en un curso de preparación para exámenes

Es cierto que el autoestudio es una decisión audaz, pero no siempre es la mejor manera de estudiar para un examen. Debe comprender que necesita tener un conocimiento profundo de la materia que está estudiando si desea aprobar el examen. Este es el caso de las certificaciones de nivel de entrada también. Es importante recordar que las definiciones que aprende para una certificación pueden ser diferentes para otra certificación. Diferentes cuerpos desarrollaron el material de estudio para el examen. Esto significa que incluso si tiene conocimiento de primera mano sobre el tema, algunas partes del tema y, a veces, todo el tema, no se aplicarán necesariamente en el campo. Un profesional de tareas utilizará otros conceptos para completar el trabajo. Cuando se está preparando para una certificación, puede pasar tiempo con un profesional experimentado que sepa cómo superar el examen. Siempre es una buena idea sentarse con el profesional y hacerle cualquier pregunta que pueda tener. También puedes compartir estrategias y experiencias. Esto mejorará sus posibilidades de aprobar el examen.

Crea tu propio plan de estudio personalizado

Si no planifica bien su examen, su probabilidad de aprobarlo disminuirá. Es importante desarrollar un plan de estudio que se ajuste a su horario. No tiene que escribir un plan elaborado, ya que una simple lista de tareas también funcionará. Cuando desarrolle su plan de estudio, debe considerar lo siguiente:

- ¿Cuándo quieres hacer el examen? Primero debe crear su perfil en la página del examen y ver qué ubicación y hora le conviene más.

- ¿Cuánto tiempo puede dedicar a prepararse para el examen en un día normal? Si tiene otros compromisos o está trabajando, debe asegurarse de tener tiempo suficiente para cubrir todos los temas. También debe darse el tiempo suficiente para escribir exámenes de práctica en condiciones de examen.

- ¿Puede pagar los cursos de capacitación y el material de preparación? Siempre debe buscar capacitación certificada y material de estudio. Esto lo ayudará a desarrollar una comprensión clara de cada tema que se cubre en la certificación. Una de las mejores maneras de asegurarse de aprobar el examen es comprar el material de pre-estudio y comenzar a leerlo. Esto lo ayudará a crear una base sólida y también a desarrollar las habilidades necesarias según el curso que haya elegido.

- ¿Qué método de entrenamiento te ayuda a aprender mejor? Algunas personas adoran las sesiones en el aula, mientras que otras prefieren el autoaprendizaje. Algunos candidatos prefieren material de capacitación en línea ya que pueden estudiar en cualquier momento. Siempre debe usar sus experiencias para ayudarlo a identificar el método más adecuado para usted.

- ¿Conoces bien el tema que has elegido? Es difícil para los profesionales con experiencia que tienen un buen conocimiento del tema para despejar el examen. Puede usar sus experiencias para ayudarlo a comprender cómo abordar el examen. Dicho esto, también debe tener en cuenta las preguntas, la lógica y la duración del examen. Cuando confía solo en sus experiencias, puede conducir a malos resultados.

Tomar exámenes de práctica

Una forma muy efectiva de prepararse es tomar exámenes de práctica. Si hay exámenes de práctica disponibles, debe tomarlos y examinarse usted mismo. Esto no solo lo ayudará a evaluar su conocimiento del tema, sino que también lo familiarizará con la estructura de las preguntas. Le ayudará a familiarizarse con el formato de cómo se dan las preguntas. También se recomienda tomarse un tiempo mientras practica para saber cuánto tiempo toma mientras resuelve cada sección del documento. Tendrá una buena idea de dónde necesita practicar más y qué requiere más tiempo. De esta manera, puede elegir tratar cada sección del trabajo durante el examen principal en consecuencia. Siempre es una buena idea usar bases de datos de preguntas oficiales y material de capacitación, ya que eso lo ayudará a emular la prueba real. Debe recordar que no necesita memorizar cada pregunta. Puede ser fácil hacer esto ya que hay un banco de preguntas oficial que está disponible para cada certificación. Sin embargo, debe intentar utilizar las pruebas de práctica como una forma de identificar sus fortalezas y debilidades.

Si nota que le va bien en un área, pero mal en otra área en pruebas consecutivas, debe enfocarse en la última área. Siempre es bueno usar una base de datos oficial de preguntas, ya que no solo le dirá cuál es la respuesta correcta, sino que también le dirá por qué las otras opciones son incorrectas. Esta es una buena manera de profundizar su comprensión del tema. También puede usar los exámenes de práctica para ayudarlo a emular el examen real. Puede elegir responder un conjunto de preguntas cuando tenga tiempo, pero eso no necesariamente lo ayuda, ya que no resuelve esas preguntas en condiciones de examen.

Cuando completa un examen de práctica completo, puede evaluar sus niveles de atención, concentración, habilidades y resistencia. Dicho esto, nunca debes desanimarte cuando ves los resultados de tus exámenes de práctica. Las cosas ciertamente irán cuesta abajo cuando realices un examen de práctica por primera vez. Esto es especialmente cierto si no has terminado el curso. Debería tomarse un tiempo para estudiar el material y asegurarse de utilizar todos los recursos disponibles para mejorar su comprensión. Cuando haga esto, verá resultados consistentes en sus pruebas de práctica. Asegúrese de programar todas sus pruebas de práctica mucho antes del día que tiene que tomar el examen. Debe establecer los plazos para usted mismo. Sigue revisando y rastrea lo que has aprendido en ese período. Le permitirá tomar nota de cualquier área que requiera mejoras. Cuando realiza el examen de certificación CCNA, debe tener en cuenta tanto el conocimiento teórico como el práctico.

Cuando se prepare para el examen, debe hacer todo lo posible para utilizar todos los conocimientos teóricos en la resolución de problemas y problemas de redes. Por ejemplo, debe saber que la mayoría de las direcciones IP son inseguras. Esto significa que deberá identificar otra forma de solucionar esa vulnerabilidad para asegurarse de que la información pase por cada nodo de la red. Debe tener en cuenta este aspecto cuando se prepare para el examen.

Es importante que comprenda que cualquier certificación CCNA requiere que tenga experiencia práctica. No puede esperar aprobar el examen si alguien pudiera agarrar un libro y leer cada palabra que está en ese libro para aprobar. Este examen no es fácil, pero puede mejorar sus posibilidades de aprobar el examen si practica algunos fundamentos de redes. El examen cubre una gran cantidad de tecnología, incluidos ISP, enrutador / conmutador, PC, concentrador y cables RJ-45. Debe comenzar adquiriendo experiencia primero en estas áreas antes de pasar a DNS, WPS y WAN. Una vez que comprenda bien estos conceptos y sepa cómo trabajar con ellos, puede comenzar a construir una configuración de red. Una vez que construye esa red, puede ver cómo puede solucionar cualquier problema que surja.

Otro ejercicio que puede realizar es construir una topografía de red. Todo lo que necesita hacer es configurar una red, derribarla y construirla nuevamente. Una vez que haga esto varias veces, mejorará su conocimiento de los fundamentos de las redes. Es importante construir un laboratorio si desea aprobar el examen CCNA, y cubriremos esto en los siguientes puntos.

Capa de transporte

Debería aprender algunos números de puerto comunes para servicios como Http (8), Telnet (23), Https (443) y otros.

Capa de enlace

La capa de acceso a datos se centra en el direccionamiento Ethernet. Por lo tanto, deberá comprender lo siguiente acerca de las direcciones MAC o de control de acceso a medios:

- Una dirección MAC tiene 12 dígitos hexadecimales. Es una dirección de 48 bits.

- También debe comprender la tabla de direcciones MAC y la tabla de CAM o Memoria direccionable por computadora. También debe comprender cómo el conmutador utiliza estas tablas para filtrar o reenviar el tráfico.

- Si hay dos nodos o hosts en una red, pueden comunicarse entre sí mediante una dirección MAC. Debe comprender cómo funciona el direccionamiento y también cómo el sistema host mantiene la tabla ARP o caché.

Estudie hasta que se sienta como segunda naturaleza

Si le resulta difícil repetir diferentes términos de redes con precisión, las posibilidades de que apruebe su examen disminuirán. Las perspectivas disminuirán aún más si desea tomar el examen acelerado. Debe recordar que un examen CCNA es integral, y hay algunas cositas que las personas suelen pasar por alto cuando estudian para el examen. Es importante que aprenda todos los términos que se tratan en el libro, y es mucho trabajo hacer eso. Debe memorizar las designaciones de velocidad de Internet, los números de puerto y comprender las diferentes herramientas de red y más. Debe estudiar todos los días y asegurarse de comprometer cada término que encuentre en la memoria. Asegúrese de recordar el nombre de cada elemento que cubre en el programa de estudios. Tal vez se pregunte por qué necesita guardar todo en la memoria cuando no se le pide todo en el examen. Es cierto que no se le preguntará sobre cada minuto de información en el examen. Dicho esto, debes recordar que algún día encontrarás algo en el trabajo. Una certificación CCNA es valiosa ya que dirá mucho sobre su calidad. También aprenderá a dejar de mezclar palabras y llamar a un enrutador un conmutador.

Date un respiro

Se le permite relajarse y relajarse unos días antes del examen, y eso es lo que recomienda el médico. Debería revisar sus conceptos, pero no debe insistir en ello. Debes asegurarte de mantener la calma y estar sereno. La mayoría de los estudiantes están nerviosos e intentan reunir tanta información como puedan durante los últimos días, y esta es una mala idea. Debes asegurarte de dormir lo suficiente, no te saltes las comidas y estudia solo cuando sea necesario. El estudio de última hora no lo ayudará en absoluto, y tendrá un impacto negativo en su capacidad para desempeñarse bien en la fecha programada del examen. Date un respiro por unos días y descansa mucho antes del examen.

Capa de internet

Cada examen de certificación tendrá algunas preguntas sobre cómo funciona el Protocolo de Internet o el direccionamiento IP. Estas preguntas pueden incluir lo siguiente:

- Es importante conocer y comprender los diferentes tipos de direcciones en el direccionamiento IPv6 como local único, enlace local y global.

- Siempre es una buena idea aprender más sobre subredes.

- Es importante comprender qué hace la máscara de subred en el direccionamiento IPv4 y también saber cuál es la dirección reservada.

Únete a la comunidad en línea

Cuando se trata de cualquier examen de certificación de TI, hay mucho material que puede obtener de Internet. Existen numerosas comunidades que le permiten compartir sus experiencias con el mundo. Hay algunas personas que quieren compartir algunas estrategias de examen en estas comunidades. Estos foros también lo ayudarán a aprender más sobre los éxitos y fracasos de las personas. Además de Cisco Learning Network, puede buscar en Google un foro para esa certificación específica. También puede ver la página de CCNA en Reddit ya que hay personas de todo el mundo que comparten sus experiencias. Debes asegurarte de mantenerte siempre alejado de algunas personas y publicaciones tóxicas. Hay numerosos usuarios que solo usan estos foros para desahogar su frustración, y esto lo desanimará.

Revisar

Antes de su examen programado, tómese el tiempo de leer los libros de Cisco Press y la información de este libro. Le ayudará a refrescar su memoria. También podrá identificar cualquier parte que haya omitido accidentalmente la primera vez que lo leyó. Este último período antes de tomar el examen debe dedicarse a revisar y resolver más preguntas. Puede utilizar los diversos foros de Internet para encontrar cualquier pregunta nueva que pueda surgir en el examen. En este punto, debe tener una amplia comprensión de los conceptos de redes que se requieren para la certificación CCNA.

Los expertos sugieren que debería leer los Cisco Press Books una y otra vez. Esto te ayudará a asegurarte de que todo lo que has estudiado esté fresco en tu memoria. Debe hacer esto antes de realizar el examen real. También debe identificar los diferentes conceptos que están cubiertos en el material y ver si hay algo que se haya perdido. Siempre debe dedicar las últimas semanas antes del examen a resolver diferentes preguntas e identificar nuevas preguntas a través de los exámenes simulados o los foros de Internet. Es esencial revisar, ya que volverá a aprender los conceptos esenciales que crearán la base para el examen CCNA.

Comprender el direccionamiento de pila TCP / IP y el flujo de datos

Cuando se trata de borrar la certificación CCNA, deberá comprender cómo funciona la pila de protocolos modernos TCP / IP. Debe comprender cómo se utiliza esta pila para abordar diferentes redes.

Tener una comprensión básica de la interfaz de línea de comandos de Cisco (CLI)

Cada examen de certificación de Cisco incluirá algunos trabajos de laboratorio, y es importante que usted, como técnico de Cisco, tenga una comprensión básica de la configuración y algunos comandos de investigación. De todos los comandos, es clave que aprenda los comandos que lo ayudan a hacer lo siguiente:

- Examinar la configuración de la interfaz.

- Verificar la configuración

- Ver las diferentes tablas de direcciones (específicamente MAC)

- Verifique todos los protocolos de enrutamiento

Estos temas se tratarán en detalle en su material de estudio, pero siempre es bueno tener algún conocimiento sobre estos conceptos antes de inscribirse en el examen.

Conozca su examen

Es importante conocer el desafío que enfrentará si desea tener éxito. Sentarse para el examen sin una investigación adecuada será una desventaja para usted. Hay muchas personas que han realizado este examen, y usted también puede beneficiarse de su experiencia. Hay toneladas de información sobre el examen disponible en el sitio web de Cisco, y este libro proporciona más información sobre el examen. El sitio web y el libro también proporcionan enlaces útiles que proporcionarán información sobre algunos temas de exámenes, exámenes de práctica, material de estudio y tutores en línea. Este libro proporciona una descripción general del examen, incluidos los requisitos previos y los diferentes tipos de preguntas que enfrentará. Este libro también proporciona información detallada sobre los temas que necesitará saber y el porcentaje de preguntas dedicadas a cada uno de esos temas. Esto te ayudará mucho cuando quieras construir tu plan de estudio.

Obtenga el material correcto

Una vez que sepa qué temas debe estudiar para el examen, es hora de obtener el material de estudio adecuado. Las últimas ediciones del libro son los mejores materiales para prepararse para el examen. Estos libros son CCNA Routing and Switching ICND2 y CCENT / CCNA ICND1. También debe usar la serie llamada "31 días antes". Esta serie está disponible en Cisco Press. Debe tratar de cubrir todas las preguntas de este material y asegurarse de poder calcular mientras duerme. Este conocimiento lo ayudará a aprobar su examen. Asegúrese de tener todas sus notas en orden y verifique si hay folletos que su centro de preparación le haya dado. Además, tómese el tiempo para leer el resumen del curso o la guía. Puede resumir cada sección que aprenda en sus propias palabras para referencia futura. Reunir todo hará que sea más fácil encontrar el material relevante mientras estudias.

Obtenga experiencia práctica y teórica

Si desea aprobar el examen CCNA, debe asegurarse de tener experiencia práctica. No puedes esperar pasar solo con conocimiento teórico. Prepárese para el examen de manera que pueda usar los conceptos teóricos para la resolución de problemas o problemas de redes en el mundo real. Cuando esté al tanto del problema, también debe poder enumerar algunas soluciones alternativas al problema. Por ejemplo, cuando se descubre que IP no es confiable, debe determinar alguna solución alternativa de problemas para la comunicación entre los nodos.

Nunca se apresure a tomar el examen

Debe recordar que le llevará mucho tiempo antes de que pueda prepararse completamente para el examen de Enrutamiento y conmutación de CCNA. Estas pruebas incluirán algunos problemas que parecerán una segunda naturaleza para usted. Dicho esto, si no conoce algunos términos en el programa de estudios o está demasiado confiado, perderá algunas marcas en el examen. Debe asegurarse de difundir bien los exámenes para tener tiempo suficiente para estudiar. Esto le dará tiempo suficiente para revisar algunos conceptos y también evaluar si puede aprobar el examen con la cantidad de preparación que tiene. Puede tomar una ruta menos intensiva si desea ahorrar más dinero. Recuerde que estas pruebas han sido diseñadas para ser difíciles de responder si no ha pasado el tiempo suficiente tratando de comprender los conceptos cubiertos en el programa de estudios.

Use ejercicios de práctica y tarjetas de vocabulario

Quizás se pregunte por qué le pido que use tarjetas y practique ejercicios. Hay muchos examinados que han declarado que estos métodos los ayudaron a aprobar el examen. Todo lo que necesita hacer es hacer una lista de todas las preguntas con las que tuvo problemas cuando estaba trabajando en un examen simulado. Anote estas preguntas en las tarjetas y escriba la respuesta en el reverso de la tarjeta. Notarás que tienes una pila de cartas, que puedes usar para tu revisión. Debe intentar revisar estas tarjetas al menos dos veces al día. Puede aburrirlo, y existe la posibilidad de que parezca excesivo, pero este hábito asegurará que estas respuestas se conviertan en una segunda naturaleza para usted. Si hay algunas respuestas en las que necesitará realizar el proceso, debe tomarse un tiempo y practicar esos procesos hasta que pueda completar el proceso sin ayuda externa. Esto ayudará a profundizar los conceptos en su cabeza, y también lo ayudará a recordar los conceptos durante las entrevistas.

Tener un plan de preparación para el día del examen

El día del examen finalmente ha llegado, y definitivamente estarás ansioso como cualquier otro estudiante que esté tomando este examen. Dicho esto, debe dejar de preocuparse por cómo será el examen y concentrarse en hacerlo lo mejor posible. Debe asegurarse de no agotarse. Esta sección cubre algunos consejos simples que debe tener en cuenta.

¿Está listo su kit de examen?

Siempre mire el sitio web del examen y asegúrese de tener todos los elementos que figuran en el sitio web. Los examinadores son muy estrictos y le pedirán que salga de la habitación si no tiene uno o más de los artículos requeridos. Siempre debe leer el examen o la guía del candidato y hacer una lista de todos los artículos que debe llevar consigo. Hable con el punto de contacto en el centro de examen para obtener más información sobre lo que debe llevar a la sala de examen.

¿Estás tranquilo y descansado?

Esto es algo extremadamente importante a tener en cuenta. La mayoría de los estudiantes no pasan el examen porque están agotados física o mentalmente. Los estudiantes creen que deben revisar cada concepto que puedan antes del examen para poder recordarlo. Para hacer esto, se quedan despiertos toda la noche o se despiertan temprano el día del examen. Lo que no entienden es que nunca es una buena idea leer los conceptos en el último momento, ya que te hará sentir ansioso. Si aún desea hacer una revisión final, debe intentar hacer una lista de todos los conceptos que comprende completamente y leerlos antes. Nunca es una buena idea enfocarse en aquellos conceptos de los que no tiene una comprensión clara, ya que causarán ansiedad y pánico. Alternativamente, puede crear un glosario o un resumen para cubrir toda la información esencial y necesaria. Solo concéntrese en leer el glosario antes del examen. Asegúrese de comer algo muy ligero antes del examen.

¿Hizo los arreglos necesarios para llegar a tiempo al sitio de prueba?

Hay una política estricta cuando se trata de tiempo. Si llega tarde al examen, es posible que no se le permita sentarse para el examen.

Intente salir al menos una hora antes de la hora programada si utiliza el transporte público. Si posee un vehículo, asegúrese de identificar la ruta más corta y saber exactamente dónde necesita estacionar su vehículo en el centro de pruebas.

Aclara tu mente

Solo tiene un poco de tiempo para completar el examen. Por lo tanto, relájese y respire profundamente antes de comenzar a responder las preguntas. Recuerde que ha invertido el tiempo y el esfuerzo necesarios para prepararse. No podrá obtener buenos resultados en el examen si piensa demasiado o está nervioso.

Estar al tanto del tiempo

Al responder las preguntas, debe asegurarse de centrarse solo en la pregunta en la que está trabajando e ignorar todo lo demás. Siempre es bueno hacer esto, ya que solo puede concentrarse en responder las preguntas correctamente. Dicho esto, también debe mantener un registro del tiempo. Si alguna vez ha escrito un examen bajo presión, sabe que el tiempo pasa muy rápido. Por lo tanto, debe asegurarse de tener suficiente tiempo para responder las preguntas con precisión.

Tómese su tiempo para leer las preguntas.

Independientemente de cuánto tiempo le quede en el examen, debe asegurarse de no apresurarse. Cuando haces esto, puedes leer mal la pregunta o incluso perderte una pregunta. Siempre debe tomarse un tiempo de descanso y leer cada pregunta a fondo, y también asegurarse de que las respuestas que está escribiendo estén relacionadas con esas preguntas. Siempre debe asegurarse de comprender todo lo que se le pide en la pregunta. Esto asegurará que respondas la pregunta correctamente. Si está respondiendo una pregunta de opción múltiple, debe leer bien todas las opciones para asegurarse de no mirar las opciones que se pusieron para distraerlo. También debe prestar atención a términos como no, nunca, todos, menos, siempre y la mayoría. Estas palabras siempre cambiarán el significado de las oraciones. Cuando vea una pregunta que comience con "Elija la mejor respuesta", asegúrese de leer las opciones cuidadosamente, ya que más de una opción puede ser la respuesta correcta. Se recomienda que realice el volcado del examen antes de presentarse para el examen, ya que puede obtener más información sobre los diferentes tipos de preguntas que encontrará durante el examen.

Intenta relajarte

Siempre debe asegurarse de permanecer tranquilo y sereno durante el examen. Intenta estirar los músculos y respira profundamente. Esto te ayudará a relajar tu mente. Cuando está tranquilo, siempre puede concentrarse mejor, y esto le facilitará responder cualquier pregunta difícil. Es importante recordar que el examen que está escribiendo es difícil, así que trate de divertirse mientras escribe el examen. Confíe en usted mismo y sepa que le irá muy bien en el examen si se atiene a su plan de estudio. De lo contrario, habrá tenido suficiente práctica para el próximo intento.

Seguir aprendiendo

Ha realizado el examen y ahora deberá esperar cinco días hábiles antes de recibir su Certificado de finalización por correo electrónico. Debe comprender que está bien si no aprobó el examen. Cuando no aprueba el examen, es consciente de los errores que puede haber cometido, ya sea cuando se estaba preparando para el examen o durante el examen. Esto significa que usted sabe lo que se supone que no debe hacer y podrá desempeñarse mejor la próxima vez. Este es un logro en sí mismo. Siempre debe motivarse para tener un mejor desempeño, ya que esto lo ayudará a mejorar sus posibilidades de éxito. Si desea ayudar a sus compañeros, puede compartir sus experiencias y evitar que cometan los mismos errores que usted.

Recuerde, el examen CCNA es integral. Habrá preguntas sobre muchas variedades de temas. Estos se basarán en estudios relacionados con TCP / IP con protocolos de enrutamiento muy completos que abarcan árboles. Puede parecer difícil aprobar el examen cuando piensa en cuánto hay que estudiar. Se recomienda que se concentre en ICDN1. Por lo general, es la base para diferentes exámenes de Cisco CCNA. Como candidato, tendrá que revisar toda la extensión y duración de todos los temas. El examen también es muy rápido. Incluirá entre 50 y 60 preguntas que deben completarse en 90 minutos. Este poco tiempo para escribir el examen puede ser estresante incluso para la persona más preparada. Sin embargo, podrá obtener buenos resultados si recuerda toda la capacitación que recibió y depende de su experiencia. Las preguntas se ocuparán principalmente de la solución de problemas del mundo real. Debe continuar motivándose y prepararse bien para el examen. Cuando eres un experto certificado de CCNA, puedes trabajar en diferentes organizaciones y asumir diferentes roles.

Consejos Estratégicos

Solo aquellas personas que muestran las habilidades necesarias para diseñar, implementar y solucionar problemas de diferentes redes que se basan en el modelo TCP / IP reciben la certificación CCNA de enrutamiento y conmutación. Debe asegurarse de probar siempre sus habilidades técnicas cuando se esté preparando para el examen. Una certificación CCNA tendrá un gran impacto en su carrera, ya que puede ser ascendido a un puesto superior en la organización en la que está trabajando. Ahora veamos algunos consejos que puede tener en cuenta, aparte de los consejos mencionados anteriormente, para hacer es más fácil para ti aprobar el examen.

1. Cisco ha publicado un plan para el examen de enrutamiento y conmutación CCNA, que se puede encontrar en el siguiente enlace: https://learningcontent.cisco.com/cln_storage/text/cln/market ing/exam-topics/200-125-ccna-v3.pdf. Se recomienda que revise este plan antes de prepararse para el examen.

2. Nunca se limite a una sola fuente cuando se esté preparando para el examen. Siempre debe probar una combinación de entrenamientos en línea, videos, laboratorios y libros. Esto te ayudará a aprender mejor los diferentes conceptos.

3. Es importante recordar ser honesto contigo mismo cuando hables de tu comprensión de los temas. Siempre asegúrese de conocer y comprender completamente un concepto antes de comenzar una tarea práctica.

4. Si desea dominar los conceptos de solución de problemas, debe aprender algunos comandos e intentar memorizarlos. Para hacerlo más fácil, debe anotar estos comandos en una página de su libro.

5. Nunca se apegue a un solo libro de trabajo. Debes tratar de ver diferentes escenarios. Como se mencionó anteriormente, debe centrarse en aprender más sobre las topologías de red.

6. Como se mencionó anteriormente, es importante que siempre se concentre en revisar sus conceptos, ya que las personas solo retienen el diez por ciento de la información que leen.

7. Debe memorizar los servicios TCP / UDP y los números de puerto. Esto no solo lo ayudará durante el examen CCNA, sino que también lo ayudará durante su trabajo.

8. Siempre debe intentar buscar nuevas preguntas y preguntas complejas en Internet. Intente mirar en diferentes foros y comunidades para recopilar estas preguntas.

9. Siempre trate de tomar el examen de dos vías. El examen individual 200-125 CCNA costará $ 295 mientras que los exámenes 100-105 ICND1 y 200-105 ICND2 costarán $ 5 adicionales, por lo que el costo total será de $ 300.

10. Debe realizar al menos dos exámenes de práctica en condiciones de examen, y debe centrarse en las preguntas sobre las que no está seguro.

Capítulo 11

Plan de Estudio de Examen

Es bueno que haya decidido tomar el examen CCNA Routing and Switching, y puede haber comenzado a prepararse para ello. Este libro también proporciona información suficiente que lo ayudará a aprender más sobre el examen. Dicho esto, es posible que no se haya tomado el tiempo para comprender dónde se encuentra actualmente. Es posible que no haya creado un plan de estudio que lo ayude a marcar los diferentes conceptos que deberá cubrir mientras estudia. Es importante que trabaje en la elaboración de un plan de estudio que lo ayude a medir su progreso. Este capítulo proporciona un plan de estudio de cuatro semanas que puede usar para completar su programa de estudios. Puede cubrir todo el programa de estudios y ahorrar algo de tiempo para la revisión si se apega al plan mencionado en este capítulo.

Debe asegurarse de reservar tiempo suficiente todos los días para estudiar. De acuerdo con el plan mencionado en este capítulo, debe comprender y completar dos secciones en el programa de estudios cada semana. Esto significa que puede pasar hasta tres días y medio en una sección y el tiempo restante en la otra. Cuando haga esto, puede asegurarse de completar su plan de estudios en cuatro semanas. Es importante que identifique los temas que le tomarán un tiempo cubrir, para que pueda darse un tiempo adicional para trabajar en esos temas. Debes reservar un tiempo para practicar durante la cuarta semana, ya que eso te ayudará a fortalecer tu comprensión.

Debería asistir a algunas sesiones de capacitación que están disponibles en la página Conocimiento global en el sitio web de Cisco cuando haya decidido estudiar para un trabajo. Los instructores son excelentes y tienen una buena comprensión del tema. Estos instructores también pueden tomar el examen al mismo tiempo que usted y sabrán exactamente cómo puede realizar el examen. Recuerde que debe comprender los conceptos que está leyendo completamente. No lea el programa de estudios solo por aclarar el examen.

Semana 1

Cada candidato tendrá un problema con algunos temas en el plan de estudios, pero la mayoría parece tener problemas con los conceptos binarios y de subredes que se cubren en el plan de estudios. Cuando revise el material del curso, es importante que se siente para las sesiones de aprendizaje activo. Debe cubrir los siguientes conceptos durante la primera semana:

- Introducción a las redes y los componentes básicos de los mismos, diferentes tipos de redes, referencia OSI y modelo TCP / IP

- Cableado y varios tipos de tecnologías Ethernet, modelo Cisco Layer 3 y el resumen del capítulo.

- Subred junto con direccionamiento IP, clases, tipos y composición del direccionamiento IP, direcciones IP públicas y privadas.

- Conceptos básicos de subredes y máscaras de longitud de subred variable, resumen de rutas y resolución de problemas de la dirección IP

Puede pasar suficiente tiempo en estos conceptos cuando esté leyendo el material del curso. Puede pasar tres horas o más cuando esté trabajando en los diferentes temas que debe cubrir durante esta semana. Dado que algunos de los temas enumerados anteriormente son muy cortos, puede dedicar más tiempo a los conceptos que son más grandes. Si está trabajando en un tema que es muy pequeño, puede comenzar a leer el siguiente tema. No pase este tiempo revisando los capítulos anteriores por ahora. Cuando haya cubierto todos los temas que se han enumerado anteriormente, puede pasar un tiempo y verificar si puede enumerar las capacidades de los diferentes dispositivos utilizados en el sistema. También puede ver numerosos videos de cada tema e intentar leer diferentes libros, lo que lo ayudará a comprender mejor estos conceptos. También puede practicar algunas preguntas de examen si tiene tiempo.

Semana 2

Antes de presentarse al examen de certificación de enrutamiento y conmutación, debe borrar el examen 640-840. Hay ocho secciones en este examen, que se enumeran en el programa de estudios, y alrededor de 76 temas están cubiertos en estas secciones. Durante la segunda semana, debe cubrir los temas enumerados a continuación:

- Introducción a conmutadores, enrutadores IOS y Cisco, uso de CLI, es decir, interfaz de línea de comando, configuración básica de conmutadores y enrutador

- Reúna la información y verifique la configuración, configure las interfaces del enrutador junto con DHCP y DNS y tome el CCNA Lab 1 en este punto

- Restauración, copia de seguridad, borrado y guardado del IOS y el archivo de configuración, uso de recuperación de contraseña a través de un enrutador Cisco, descubrimiento y protocolo de Cisco y uso de Telnet a través de IOS

- Conceptos básicos del enrutamiento IP, comprender las operaciones del mismo, enrutamiento predeterminado, dinámico y estático, métricas de enrutamiento y detalles administrativos y clasificar protocolos de enrutamiento

- Bucles de enrutamiento y redistribución, ruta predeterminada y laboratorio estático, protocolos de enrutamiento de RIPv2 y RIPv1, configuración, solución de problemas y verificación del RIP

- Conceptos básicos para mejorar el enrutamiento del protocolo interior de la puerta de enlace y configurar el EIGRP, solucionar problemas y verificar el mismo, las operaciones y la configuración de OSPF

- Redistribución y rutas de resumen para OSP y EIGRP. También debe tomar los laboratorios para EGRP, OSP y RIP en esta etapa

Semana 3

Durante la tercera semana, debe dedicar el tiempo suficiente a comprender los protocolos. Los temas que necesitará cubrir durante esta semana incluyen el protocolo de conmutación y el árbol de expansión, la comprensión de la configuración y el funcionamiento del interruptor de catalizador, los canales STP, RSTP y Ether con las adiciones de Cisco, la expansión rápida y la expansión VLAN, la protección y filtro BPDU, los laboratorios para seguridad de puertos y STP, tabla de direccionamiento MAC, VLAN y VTP, tipos de VLAN y puertos, enlace y protocolo de VLAN, firewalls Cisco y seguridad de red, configuración y enrutamiento de VLAN, administración de dispositivos, comunicación segura y seguridad para la capa 2.

Semana 4

Esta es la última semana en su plan de estudio, y es importante que se esfuerce al máximo para poder alcanzar su objetivo final. Por lo tanto, debe trabajar en los diferentes temas y también practicar algunas preguntas de examen. Debe asegurarse de sacar todas las paradas. Durante la semana, el cuarto deberá cubrir temas como la lista de acceso y la comunicación segura, el puerto de conmutación y el acceso remoto, la lista de acceso estándar y extendida, la dirección de traducción de red, la configuración dinámica y estática de la solución de problemas de NAT, WAN y NAT, VPN y frame relay , Servicios IP y IOS Netflow, solución de problemas de NAT y WAN, conceptos y configuración de PPP, IPv6 y cifrado.

Los instructores y otros estudiantes recomiendan que compre los libros de Cisco Press si desea realizar el examen. Estos libros lo ayudarán a revisar todos los conceptos y profundizar su comprensión del tema. Asegúrese de practicar algunas preguntas de examen y lea diferentes foros para buscar nuevas preguntas.

¡Ahora estás listo para tomar tu examen! Recuerde mantener la calma y centrarse solo en las preguntas en su pantalla y nada más.

Conceptos importantes para aprender

Es difícil aprobar el examen CCNA, ya que debe tener una comprensión profunda de los diferentes conceptos y los fundamentos de las redes. Cuando se prepare para el examen CCNA, necesitará familiarizarse con diversos conceptos de redes y numerosas tecnologías. Si desea obtener la Certificación de Enrutamiento y Conmutación, deberá comprender los conceptos que están cubiertos tanto en ICND1 como en ICND2. Dicho esto, hay algunos conceptos que debe comprender plenamente, ya que son los más importantes, ya que el examen sin duda hará preguntas basadas en estos conceptos.

Modelo TCP / IP y OSI

Cuando se prepara para el examen de enrutamiento y conmutación CCNA, debe comprender este tema por completo, ya que es uno de los temas más importantes cubiertos en el examen. El TCP / IP o el Protocolo de control de transmisión o el Protocolo de Internet se utilizan para interconectar dispositivos de red para comunicarse entre sí. Este es uno de los conceptos más importantes para entender, ya que es la base de cualquier curso de redes.

El modelo de interconexión de sistemas abiertos o OSI se utiliza para definir el marco de cualquier red. Puede implementar los diferentes protocolos en cada capa de la red. Es importante que comprenda las siete capas de la red. Las siete capas en el modelo OSI son: capa de enlace de datos, capa física, capa de presentación, capa de transporte, capa de red, capa de sesión y capa de aplicación.

Subredes

Como se mencionó anteriormente, es importante comprender profundamente el concepto de subred para el examen. La división en subredes lo ayudará a comprender cómo puede crear dos o más redes a partir de una red grande. Hay dos beneficios para hacer esto:

- Puede resolver cualquier problema dentro de la red dividida sin afectar a toda la red.
- Se hace más fácil administrar la red, ya que solo tendrá que ocuparse de redes más pequeñas.

Antes de realizar su examen, debe asegurarse de saber qué es la división en subredes y también comprender cómo funciona.

IPv6

La última versión del Protocolo de Internet es el IPv6, y es un tema separado que deberá estudiar para aprobar el examen. El IPv6 es un protocolo de comunicación que le da a cada computadora en una red su identificación y ubicación. Esta identificación permite a los administradores de red administrar el tráfico en una red. Este protocolo es un poco más complejo y completo en comparación con el Protocolo de Internet.

Acceso inalámbrico

Debe cubrir toda la información que hay sobre el acceso inalámbrico, ya que esta tecnología ha adquirido una importancia inmensa en las últimas décadas. Es esencial que cubra este tema para su examen. Cisco ofrece numerosos requisitos de red y enrutadores inalámbricos, y la mayoría de las empresas están haciendo todo lo posible para cambiar a la tecnología inalámbrica. Por lo tanto, es esencial que comprenda el acceso inalámbrico para el examen.

Traducción de acceso a la red

La traducción de acceso a la red o NAT se utiliza cuando hay alguna información que pasa a través de una red. Modificará la información de la dirección IP para que coincida con el encabezado IPv4 cuando se mueva en la red. El NAT básico o NAT uno a uno, como su nombre indica, es el NAT más simple en comparación con todos los demás tipos. Esto se utiliza para interconectar dos redes IP cuyas direcciones son incompatibles. Los empleados y usuarios de la red utilizan este tipo de NAT, ya que admite el acceso remoto.

Capítulo 12

Recertificación de Cisco

Existen numerosos beneficios al obtener una certificación de Cisco, y estoy seguro de que sabe cómo estas certificaciones beneficiarán su carrera. Sin embargo, existe un inconveniente cuando se trata de estas certificaciones: hay un período de validez. Estas certificaciones son muy diferentes de otras certificaciones en el sentido de que caducan, ya que la tecnología que se usa cambia y evoluciona constantemente. No puede creer que la tecnología se mantendrá constante cuando surjan innovaciones todos los días. Siempre hay un nuevo concepto agregado al plan de estudios cada año por el equipo de Cisco, e independientemente de lo doloroso que sea, debe pasar un tiempo y actualizarse con los cambios que se están llevando a cabo en el plan de estudios. Si piensas en esto cuidadosamente, te darás cuenta de que esto tiene sentido. Cisco introduce constantemente nuevos módulos o agrega información a los módulos existentes cada año. Es por esta razón que cada certificación de Cisco expira en tres años o menos. Para asegurarse de que todavía está certificado en un módulo específico, es importante que vuelva a certificarse en esos módulos. Echemos un vistazo a la validez de cada examen:

- Todas las certificaciones CCIE y las certificaciones de especialistas expiran después de dos años.

- Las certificaciones de nivel de entrada, asociado y profesional caducan en tres años.

- El Cisco Certified Architect tiene una fecha de vencimiento de 5 años a partir de la certificación

Hay algunos cargos aplicados para la recertificación de un módulo, y deberá asumir esos costos. También puede obtener la recertificación utilizando otros métodos, y este capítulo proporcionará más información sobre el mismo.

Política de certificación de Cisco

No es una buena idea agregar certificaciones caducadas a su currículum, pero ciertamente puede mencionarlas como un logro. El conocimiento nunca puede expirar, pero ciertamente debe actualizarse de vez en cuando.

Certificaciones de nivel de entrada

Si desea renovar un certificado de nivel de entrada, deberá realizar el mismo examen una vez más u optar por una certificación de nivel superior. Por ejemplo, si tiene una Certificación de Enrutamiento y Conmutación CCNA cuyo período de validez está por vencer, tiene la opción de presentarse para el examen de Seguridad CCNA o cualquier otro examen de certificación de nivel CCNA. En el caso de que no le interese demasiado realizar un examen de nivel asociado, puede optar por realizar cualquier otro examen de nivel profesional. Puede elegir aprobar cualquiera de los exámenes de nivel CNNP, y una certificación en cualquiera de estos exámenes puede ayudarlo a recertificar sus certificaciones CCNA básicas. Alternativamente, también puede elegir aprobar los exámenes CCIE. No hay requisitos previos para aprobar los exámenes CCIE, y es por esta razón que son fáciles de hacer. Una certificación en este examen lo ayudará automáticamente a renovar su certificación.

Para resumir, las siguientes opciones están disponibles si desea rectificar o renovar sus certificaciones CCNA:

- Aprobar cualquiera de los exámenes actuales de nivel de asociado, excepto el examen ICNID

- Aprobar cualquiera de los actuales exámenes de nivel profesional de 642-xxxx o cualquiera de los exámenes de nivel profesional de 300-xxxx

- Aprobar cualquiera de los exámenes 642-xxxx de Especialista de Cisco existentes (esto no incluye Especialista de ventas o Especialista en lugares de reunión, Implementación de instalaciones de telepresencia de Cisco, Exámenes de instrucción de aula virtual líderes de Cisco ni ninguno de los otros 650 exámenes en línea)

- Aprobar cualquiera de los exámenes escritos CCIE existentes

- Aprobar cualquiera de los exámenes escritos o prácticos CCDE existentes

- Aprobar la entrevista de Cisco Certified Architect junto con la revisión de la junta de Cisco Certified Architect para la renovación de sus certificaciones más bajas

Simplemente tiene que elegir una de las opciones mencionadas anteriormente.

Certificaciones de nivel profesional

Al igual que con las certificaciones de nivel de entrada, incluso para las certificaciones de nivel profesional tiene 2 opciones: tomar el mismo examen una vez más o elegir una certificación que esté en un nivel superior. En este caso, si tiene una certificación CCNP Routing and Switching cuyo período de validez expira dentro de un año, puede presentarse nuevamente para el examen de certificación u optar por un examen de alto nivel. También puede elegir borrar cualquier otro examen de certificación si desea renovar la certificación actual que tiene.

Debe pasar cualquiera de estas opciones a continuación si desea volver a certificar sus certificaciones Cisco de nivel profesional:

- Aprobar cualquiera de los exámenes escritos o prácticos CCDE existentes

- Aprobar cualquiera de los exámenes escritos CCIE existentes

- Aprobar cualquiera de los exámenes de nivel profesional de 642-xxxx existentes o cualquiera de los exámenes de nivel profesional de 300-xxxx

- Aprobar la entrevista de Cisco Certified Architect junto con la revisión de la junta de Cisco Certified Architect para la renovación de sus certificaciones más bajas

Certificaciones de nivel experto

Cada certificación de Cisco tiene un período de validez, incluidas las certificaciones de nivel experto. Como se mencionó anteriormente en este capítulo, hay un cambio constante en la tecnología y, dado que todas estas certificaciones están relacionadas con la tecnología, también deben actualizarse. Debe reaparecer para el examen de certificación CCIE si desea volver a certificar sus certificaciones Cisco de nivel experto.

Para renovar sus certificaciones de nivel experto, debe aprobar cualquiera de los siguientes exámenes.

- Aprobar cualquiera de los exámenes escritos o prácticos CCDE existentes

- Aprobar cualquiera de los exámenes escritos o de laboratorio CCIE existentes

- Aprobar la revisión de la junta de Cisco Certified Architect y la entrevista de Cisco Certified Architect para la renovación de sus certificaciones inferiores

Esta es toda la información que necesita para aprender sobre el proceso de recertificación que deberá seguir. Es importante que recertifique todas sus certificaciones antes de que expire la validez de esas certificaciones. También debe asegurarse de que el tiempo restante de una certificación no se agregue a su certificación al completar un examen de nivel superior. Puede realizar un seguimiento del estado de su certificación en el sitio web de Cisco.

Capítulo 13

Ejemplos de Preguntas y Respuestas de la Entrevista

¿Por qué es importante usar un interruptor?

Se crea un marco utilizando los bits de una señal. Esto se hace a través de un interruptor. Cuando hace esto, el conmutador puede acceder o leer la dirección del destino. El conmutador enviará la trama al puerto correcto. Un conmutador nunca transmite la información que obtiene en la señal a través de la red, y es por esta razón que este proceso de transmisión de datos es muy eficiente en comparación con otros procesos.

¿Qué es el enrutamiento?

El enrutamiento se define como el proceso de deducir la ruta a través de la cual se puede enviar información desde el origen al destino. Este proceso siempre se realiza utilizando un enrutador, que es un dispositivo de capa de red.

¿Cuál es la diferencia entre IGRP y RIP?

El IGRP intenta identificar la mejor ruta mediante la cual se puede compartir la información entre el origen y el destino en función del ancho de banda, MTU, confiabilidad y conteo de saltos. El RIP determina la mejor ruta en función del número de **saltos** dentro de la red.

¿Qué es la MTU?

MTU o unidad de transmisión máxima es el tamaño máximo del paquete que se puede compartir en la red sin que sea necesario desglosarlo aún más.

¿Para qué sirve el enlace de datos?

Hay dos funciones que realiza la capa de enlace de datos:

1. Enmarcado

2. Verificar que las notas pasen de la fuente al dispositivo correcto

¿Qué es BootP o protocolo de arranque?

Algunas organizaciones usan redes que tienen algunas estaciones de trabajo sin disco que están conectadas. La red utiliza el programa Boot Program o el protocolo BootP para iniciar esas estaciones de trabajo. Estas estaciones de trabajo sin disco también pueden usar este protocolo para determinar la dirección IP de la estación de trabajo o el servidor.

¿Se divide una red en secciones más pequeñas usando un puente?

Un puente no se puede usar para dividir la red en segmentos más pequeños, pero se puede usar para filtrar una red grande. Hace esto sin reducir la red.

¿En qué situación se produce la congestión de la red?

Habrá una congestión en la red si hay numerosos usuarios intentando acceder a un ancho de banda. Esto sucede a menudo en una red grande y no segmentada.

Defina el término "Ventana" en términos de redes.

El origen y el destino solo pueden compartir un conjunto de segmentos, llamado ventana, en cualquier red. Una vez que los segmentos se comparten entre la fuente y el destino, se debe enviar una notificación a la fuente confirmando que el destino realmente ha recibido los segmentos.

¿Cuántos tipos de memorias se utilizan en un enrutador Cisco?

Cada enrutador Cisco utilizará las siguientes memorias:

- La NVRAM se usa para almacenar el archivo de configuración de inicio

- La DRAM almacena el archivo de configuración durante la ejecución.

- El Cisco IOS se almacena en la memoria flash durante el proceso de ejecución.

¿Cómo funciona la conmutación de LAN de corte?

En este tipo de conmutación, una vez que se pasa una trama de datos a un enrutador, se envía de inmediato y se reenvía al siguiente segmento de la red. Esto se realiza una vez que se lee la dirección de destino.

¿Cómo se puede configurar un enrutador de forma remota?

Hay momentos en los que puede necesitar configurar el enrutador de forma remota. Una de las formas más fáciles de hacer esto es usar un Procedimiento de instalación automática de Cisco. El enrutador debe estar conectado a la LAN o WAN a través de al menos una interfaz.

¿Qué hace la capa de aplicación en redes?

La capa de aplicación realiza las siguientes funciones:

- Admite los componentes que están directamente asociados con la comunicación en una aplicación.

- Si alguna aplicación se extiende más allá de la especificación del modelo de referencia OSI, la capa de aplicación se usa para proporcionar servicios de red para esas aplicaciones

- Trabaja para sincronizar una aplicación en el lado del cliente y del servidor de la red.

¿Cuál es la diferencia entre el modo de usuario y el modo privilegiado?

El modo de usuario se usa para realizar una tarea regular cuando el sistema usa un enrutador Cisco. Estas tareas habituales incluyen conectarse a dispositivos remotos, verificar el estado del enrutador y ver cualquier información del sistema. El modo de acceso privilegiado incluirá más opciones en comparación con el modo de usuario. El modo privilegiado se puede utilizar para la depuración, incluidas las pruebas y los cambios en el enrutador.

¿Qué método de conmutación LAN utiliza Cisco Catalyst 5000?

Cisco Catalyst 5000 utiliza el método de conmutación de almacenamiento y reenvío. El marco de datos solo se comparte entre el origen y el destino una vez que el conmutador verifica el CRC y guarda el marco dentro del búfer.

Definir latencia.

Hay momentos en los que hay un retraso entre el envío de los datos de un dispositivo de red a otro segmento de red. Este lapso o retraso se llama latencia.

Definir un Frame Relay.

Un frame relay se utiliza para proporcionar comunicación orientada a la conexión mediante el diseño, la creación y el mantenimiento de un circuito virtual. Es un protocolo WAN. Este protocolo solo funciona en las capas de enlace físico y de datos y tiene una calificación de alto rendimiento.

¿Cuál es el propósito de la subcapa LLC?

La mayoría de los desarrolladores de aplicaciones utilizan la subcapa LLC o Control de enlace lógico para realizar las siguientes funciones:

1. Corrección de errores

2. Administre el flujo de la capa de red utilizando los códigos de inicio y detención.

Definir HDLC.

El protocolo de control de enlace de datos de alto nivel o HDLC es un protocolo de Cisco, y esta es la encapsulación predeterminada que se opera en todos los enrutadores de Cisco.

Si desea enrutar un IPX, ¿cómo se configura un enrutador Cisco?

Lo primero que debe hacer es utilizar el comando "Enrutamiento IPX" si desea habilitar el enrutamiento IPX. Cada interfaz dentro de la red se configurará o cambiará con un método de encapsulación y un número de red.

¿Cuáles son los beneficios de las VLAN?

Una VLAN le permitirá crear un dominio de colisión utilizando grupos en lugar de solo la ubicación física. Puede establecer numerosas redes a través de diferentes medios utilizando las VLAN. Puede utilizar diferentes tipos de hardware, funciones, protocolos y otros medios para establecer la red. Esta es una de las mayores ventajas de usar una VLAN en comparación con la LAN. En este último, el dominio de colisión solo está conectado a la ubicación física.

Defina 100BaseFX.

100BaseFX es un Ethernet, que tiene una velocidad de datos de 100. El medio de transmisión principal en este Ethernet es un cable de fibra óptica.

¿Hay alguna manera de cambiar al modo privilegiado y qué debe hacer para cambiar al modo de usuario?

Puede ingresar el comando "habilitar" si desea acceder al modo privilegiado. Si desea volver al modo de usuario, ingrese el comando "deshabilitar" en el indicador.

¿Qué estándares admite la capa de presentación Layer Support?

Hay muchos estándares que se usan en la capa de presentación que aseguran que todos los datos en la capa se presenten correctamente. Estos estándares incluyen TIFF, JPEG y PICT para gráficos y MPEG, QuickTime y MIDI para archivos de audio o video.

Enumere las diferentes listas de acceso IPX.

En redes, hay dos listas de acceso:

1. Estándar

2. Extendido

La lista de acceso anterior solo se usa para filtrar la dirección IP del origen o destino. La última lista de acceso filtra una red utilizando las direcciones IP de origen y destino, el protocolo, el socket y el puerto.

¿Por qué los administradores prefieren TCP a UDP?

Cuando se compara con TCP, UDP no está secuenciado y no es confiable. Esta red no puede establecer un circuito virtual ni obtener ningún reconocimiento.

¿Cuál es el número de saltos utilizados cuando la red usa RIP?

Si una red recibe más de quince saltos, indicará que la red o el enrutador es inalcanzable o está fuera de servicio. Por lo tanto, el recuento máximo es de quince saltos.

Definir subredes.

La división en subredes es un proceso de descomposición de una red grande en redes más pequeñas. Dado que es parte de la red grande, cada subred deberá tener asignados algunos identificadores o parámetros que indiquen el número de subred.

¿Qué muestra el Show de protocolo?

El show de protocolo muestra lo siguiente:

- El método de encapsulación configurado para cada interfaz.

- La dirección asignada a cada interfaz.

- Los protocolos que se enrutan en el enrutador configurado.

¿Cómo se asegura un enrutador Cisco? ¿Cuáles son las diferentes contraseñas que se pueden usar?

Puede usar cinco tipos de contraseñas para proteger un enrutador Cisco. Los diferentes tipos son:

- Terminal
- Secreto
- Consola
- Auxiliar
- Virtual

¿Qué son los paquetes?

Un paquete es el resultado de la encapsulación de datos. Los paquetes son datos que se han encapsulado o envuelto entre las diferentes capas OSI bajo diferentes protocolos. También se llaman datagramas.

Enumere las ventajas de usar el modelo en capas en la industria de redes.

Existen muchas ventajas al usar una red en capas.

- Los administradores siempre pueden solucionar problemas o problemas en la red de manera eficiente.

- La industria de la red puede progresar más rápido ya que se fomenta la especialización.

- Un administrador puede realizar cambios solo en una capa si es necesario. Él o ella también pueden asegurarse de que este cambio no afecte a las otras capas de la red.

¿Cómo se puede identificar un host válido en cualquier subred?

Una de las formas más fáciles de hacer esto es usar la siguiente ecuación: 256 - (máscara de subred). Los hosts válidos se encuentran entre esas subredes.

¿Cómo se puede representar una dirección IP?

Una dirección IP se puede representar de tres maneras:

- usando punto decimal (por ejemplo: 192.168.0.1)

- utilizando binario (por ejemplo: 10000010.00111011.01110010.01110011)

- utilizando Hexadecimal (por ejemplo: 82 1E 10 A1)

¿Qué proceso se utiliza para crear una red interna?

Cuando se conectan numerosas redes utilizando múltiples enrutadores, se crea una red interna. En esta red, el administrador de la red debe asignar una dirección lógica a cada red conectada al mismo enrutador.

Definir DLCI.

Los identificadores de control de enlace de datos o DLCI se asignan para identificar cada circuito virtual, y estos identificadores se asignan a estos circuitos utilizando un proveedor de servicios de retransmisión de tramas. Estos circuitos existen en la misma red.

Cuando configura un enrutador que utiliza interfaces lógicas y físicas, ¿cuáles son los factores que debe tener en cuenta al determinar la identificación del enrutador OSPR?

A. La dirección IP más alta de cualquier interfaz.

B. La dirección IP media de cualquier interfaz lógica.

C. La dirección IP más alta de cualquier interfaz física.

D. La dirección IP más baja de cualquier interfaz física.

E. La dirección IP más alta de cualquier interfaz lógica.

F. La dirección IP más baja de cualquier interfaz.

G. La dirección IP más baja de cualquier interfaz lógica.

Respuesta correcta: C. La dirección IP más alta de cualquier interfaz física.

¿Por qué la mayoría de los administradores usan la segmentación cuando necesitan administrar una red grande?

Los administradores de red a menudo usan la segmentación de red para mejorar el tráfico en la red. También asegura que cada usuario tenga un ancho de banda alto. Esto asegura que la red funcione mejor. Es importante segmentar la red, especialmente si es una red en crecimiento.

Definir segmentos.

Un segmento es una parte de un flujo de datos que se mueve desde las capas superiores en OSI a las capas inferiores y hacia la red. Un segmento es una unidad lógica que se encuentra en la capa de transporte.

¿Qué es el ancho de banda?

La capacidad de transmisión de cada medio se llama ancho de banda. Esto se usa para medir el volumen que puede manejar cualquier canal de transmisión, y siempre se mide en kilobytes por sección.

¿Cuál es la diferencia entre direccionamiento IP estático y dinámico?

Cualquier red siempre recibe una dirección IP estática de forma manual. La dirección IP dinámica se proporciona a la red a través del servidor DHCP.

Usando la información de identificación de un enrutador Cisco, ¿cuáles son las cosas a las que puede acceder?

Puede identificar las interfaces y el nombre de host a partir de la información de identificación del enrutador Cisco. La primera es una configuración fija que se referirá a un puerto del enrutador, mientras que la segunda le dará el nombre del enrutador.

¿Cómo se puede acceder a un enrutador?

Se puede acceder a un enrutador de tres maneras:

- Telnet (IP)

- AUX (teléfono)

- Consola (cable)

¿Cómo se restablece el temporizador de retención del enrutador debido a una actualización activada?

Una actualización activada puede restablecer el temporizador de retención del enrutador si el temporizador ha expirado. Esto sucede cuando el enrutador recibe una tarea de procesamiento que era proporcional al número de enlaces presentes en Internetwork.

¿Cómo funcionan las retenciones?

Una retención asegurará que un mensaje de actualización no restablezca ningún enlace caído. Lo hace eliminando ese enlace de ese mensaje. Se utiliza una actualización activada para restablecer el temporizador de retención.

¿Qué comando debe usarse si desea eliminar cualquier configuración existente en un enrutador y desea reconfigurarla?

A. borrar startup-config

B. borrar running-config

C. eliminar NVRAM

D. borrar NVRAM

Respuesta correcta: A. borrar startup-config

¿Cuáles son los beneficios de la conmutación LAN?
Los beneficios de la conmutación LAN son:

- Permite una migración eficiente y fácil

- Permite la adaptación de velocidad de medios

- Permite la transmisión de datos a través de dúplex completo

¿Cuál es la diferencia entre topología física y topología lógica?
La topología física proporcionará el diseño real del medio en la red, mientras que la topología lógica se refiere a la ruta que toma la señal a través de la topología física.

Cuando mira los comandos dados a continuación, ¿cuál es el siguiente comando que necesita usar para enrutar el tráfico que va al enrutador?

Nombre de host: Nombre de host de sucursal: Remoto

PH # 123-6000, 123-6001 PH # 123-8000, 123-8001

SPID1: 32055512360001 SPID1: 32055512380001

SPID2: 32055512360002 SPID2: 32055512380002

RDSI tipo interruptor básico ni

Nombre de usuario Contraseña remota cisco

Interfaz bri0

Dirección IP 10.1.1.1 255.255.255.0

Encapsulación PPP

Capítulo de autenticación PPP

ISDN spid1 41055512360001

ISDN spid2 41055512360002

Mapa de marcador IP 10.1.1.2 nombre Remoto 1238001

Permiso de IP de protocolo de lista de marcador 1

La respuesta es (config-if) # dialer-group 1

¿Cuál es la diferencia entre el concentrador, el enrutador y el conmutador?

Los enrutadores se utilizan para transmitir los paquetes de datos a lo largo de las diferentes redes. Un conmutador es una herramienta o dispositivo que ayuda a filtrar paquetes o datagramas entre varios segmentos LAN. Un conmutador puede tener un solo dominio de difusión o múltiples dominios de colisión. Se utiliza un conmutador para admitir protocolos de paquetes y funciona en la segunda y tercera capa de enlace de datos. Un concentrador tiene un dominio de colisión múltiple y un dominio único. Toda la información que proviene de un puerto se enviará a otro puerto.

Mencione el tamaño de la dirección IP.

Una dirección IP tiene un tamaño de 32 bits para IPv4 y 128 bits para IPv6.

¿En qué consiste un paquete de datos o un datagrama?

Un paquete de datos o un datagrama consta de la información del destinatario, la información del remitente y la información que se pasa a través del paquete. El paquete también contiene la información numérica que definirá el orden y el número del paquete. Cuando los datos se envían a través de la red, la información se divide en paquetes de datos más pequeños. Estos paquetes de datos llevarán los datos y la configuración para ese mensaje.

¿Qué es el DHCP?

Un enrutador utiliza el protocolo DHCP o Dynamic Host Configuration para asignar la dirección IP a cualquier cliente de estación de trabajo en la red. Este protocolo también se puede utilizar para crear una dirección IP estática para máquinas como servidores, impresoras, escáneres y enrutadores.

¿Cuál es el rango para un IPS privado?

Los rangos para IPS privados son

- Clase A: 10.0.0.0 - 10.0.0.255

- Clase B: 172.16.0.0 - 172.31.0.0

- Clase C: 192.168.0.0 - 192.168.0.255

¿Qué es EIGRP?

El protocolo de enrutamiento de puerta de enlace EIRGP o Enhanced Interior fue diseñado por Cisco y se utiliza principalmente en enrutadores. Este protocolo facilitará que los enrutadores compartan la misma ruta con otros enrutadores si todos están conectados al mismo sistema. EIGRP, a diferencia de RIP, solo puede enviar una actualización incremental, disminuyendo así la cantidad de datos que se transfieren dentro de la red

¿En qué consiste el protocolo EIGRP?

El protocolo EIGRP consiste en

- MTU o unidad de transmisión máxima

- Ancho de banda

- Retraso

- Cargar

- Fiabilidad

¿Cuál es la función de una frecuencia de reloj?

Se utiliza una frecuencia de reloj para permitir que el DCE o el equipo enrutador se comuniquen de manera efectiva.

¿Qué comando se usa para eliminar o eliminar cualquier dato de configuración en NVRAM?

Puede eliminar los datos de configuración, que están almacenados en la NVRAM de su sistema, o usar el comando borrar codificación de inicio si desea eliminar esos datos de configuración.

¿Enunciar las diferencias entre UDP y TCP?

UDP y TCP son dos protocolos que utilizan diferentes sistemas para enviar archivos a través de una red.

TCP (Protocolo de control de transmisión)	UDP (Protocolo de datagramas de usuario)
TCP, un protocolo orientado a la conexión, se utiliza para recuperar la parte perdida de un archivo. Hay momentos en que la conexión se puede perder cuando se transfiere un archivo. El TCP garantiza que no se pierdan datos cuando se transfiere un mensaje.	Un UDP es un protocolo sin conexión, y cuando los datos se envían a través de la red, no puede estar seguro de que el mensaje llegará al destino sin que haya ninguna fuga en los datos.
Este protocolo asegurará que cada mensaje llegue al destino en el orden en que fue enviado.	El mensaje no necesariamente tiene que llegar al destino en el mismo orden, lo que dificulta el uso de este protocolo
Los datos en el protocolo TCP siempre se leerán en forma de flujo de datos. Esto significa que los paquetes en los datos siempre están estrechamente conectados.	Los paquetes siempre se transmiten de forma independiente. Esto hace que sea extremadamente difícil para la red garantizar que el paquete completo haya llegado al destino.
Ejemplo: World Wide Web, protocolo de transferencia de archivos, correo electrónico, etc.	Ejemplo: VOIP (Voz sobre Protocolo de Internet), TFTP (Protocolo trivial de transferencia de archivos), etc.

¿Cuál es la diferencia entre Full Duplex y Half Duplex?

En una transmisión full duplex, la comunicación se producirá en ambas direcciones en cualquier punto dado. La transmisión en un semidúplex solo ocurrirá en una dirección en cualquier punto.

¿Cuál es el proceso de conversión en la encapsulación de datos?

Los pasos en la encapsulación de datos incluyen:

- Capa uno, dos y tres: son las capas de aplicación, presentación y sesión, respectivamente. Es en estas capas que la entrada alfanumérica proporcionada por el usuario se convierte en datos.

- Capa cuatro: esta es la capa de transporte, y es en esta capa donde los datos se dividen en fragmentos o segmentos más pequeños.

- Capa cinco: esta es la capa de red, y es en esta capa donde todos los datos se convierten en datagramas o paquetes. Se agrega un encabezado de red a los datos.

- Capa seis: esta es la capa de enlace de datos donde todos los paquetes o datagramas están integrados en cuadros.

- Capa siete: esta es la capa física, y es en esta capa que los marcos se convierten en bits.

Si el enrutador IOS está atascado, ¿qué comando debe usar?

Si el IOS del enrutador está atascado, deberá usar el siguiente comando: Ctrl + Shift + F6 y X.

Definir envenenamiento de ruta.

Una ruta a menudo se vuelve inválida debido a la inactividad o alguna actividad sospechosa. Por lo tanto, es importante dejar que otros puntos de una red sepan que esta ruta no se puede utilizar para transferir ningún dato. La transmisión siempre se puede prevenir mediante envenenamiento de ruta.

En el caso de RIP, ¿qué entrada de ruta se asignará a una ruta inválida o muerta?

Si hay una entrada en la tabla RIP, a la ruta inválida o muerta se le asignan dieciséis saltos que asegurarán que esta red sea inalcanzable. Cuando cualquier red intenta compartir los datos usando esa ruta, el sistema redirigirá automáticamente los datos para que puedan llegar al destino.

Conclusión

La certificación CCNA Routing and Switching es una de las certificaciones más prestigiosas que puede obtener una persona en la industria de TI. Este libro proporciona información sobre el examen de enrutamiento y conmutación CCNA y también arroja algo de luz sobre los otros exámenes ofrecidos por CCNA. Este libro cubre información sobre los diferentes consejos que puede usar para obtener el examen. Debe asegurarse de seguir cada palabra mencionada en el libro hasta el tee. Debe reservar algo de tiempo para prepararse para el examen porque el programa de estudios cubierto es amplio. Si desea completar el examen, asegúrese de prepararse rigurosamente. Su trabajo duro definitivamente valdrá la pena. Esta certificación le hará saber al mundo que usted es un experto en redes. También demostrará que tiene mucho más conocimiento y experiencia que cualquiera de sus pares que no están certificados.

Este libro fue escrito con el objetivo de ayudarlo a comprender todos los detalles que deberá tener en cuenta para aprobar el examen de Enrutamiento y cambio de CCNA. Los exámenes CCNA son los exámenes más difíciles en comparación con todos los otros exámenes que uno puede presentar en la industria de TI. Este certificado lo ayudará a validar sus habilidades de trabajo en red y mejorará su carrera. Por lo tanto, asegúrese de pasar el tiempo requerido para prepararse para el examen.

Si eres un aspirante de esta certificación CCNA, estoy seguro de que esta guía te ayudará a alcanzar tus objetivos. Prepárese bien y no se desanime si no aprueba el examen en su primer intento. Intente nuevamente y asegúrese de no repetir los errores que cometió en el pasado.

Referencias

http://blog.networkbulls.com/top-5-networking-concepts-to-prepare-for-ccna-routing-switching-examination

http://index-of.co.uk/Various/CCNA%20Routing%20and%20Switching%20Study%20Guide%20-%20Lammle,%20Todd.pdf

https://career.guru99.com/frequently-asked-ccna-interview-questions/

https://learningnetwork.cisco.com/community/certifications/ccna/ccna-exam/exam-topics

https://learningnetwork.cisco.com/community/certifications/ccna/ccna-exam/study-material

https://learningnetwork.cisco.com/community/certifications/ccna/icnd2/exam-topics

https://learningnetwork.cisco.com/community/learning_center/certification_exam_topics

https://learningnetworkstore.cisco.com/on-demand-e-learning/interconnecting-cisco-networking-devices-part-1-icnd1-v3-0-elt-icnd1-v3-0-020196

https://www.bestvalueschools.com/faq/what-is-the-cisco-ccna-certification/

https://www.braindumps.com/guide-4-weeks-study-plan-for-ccna-routing-and-switching-exam.htm

https://www.certlibrary.com/blog/tips-passing-cisco-ccna-certification-exams/

https://www.cisco.com/c/en/us/products/index.html#~products-by-technology

https://www.cisco.com/c/en/us/products/switches/virtual-networking/index.html#~tab-benefits

https://www.cisco.com/c/en/us/solutions/collaboration/index.html#~stickynav=1

https://www.cisco.com/c/en/us/training-events/training-certifications/certifications/associate/ccna-routing-switching.html#~stickynav=1

https://www.cisco.com/c/en_au/products/collaboration-endpoints/index.html#~stickynav=1

https://www.cisco.com/c/en_au/products/data-center-analytics/index.html#~stickynav=1

https://www.cisco.com/c/en_au/products/hyperconverged-infrastructure/index.html

https://www.cisco.com/c/en_au/products/switches/data-center-switches/index.html#~stickynav=3

https://www.cisco.com/en/US/services/ps2827/ps2993/services_at_a_glance_sas_sasu.pdf

https://www.cognitel.com/blog/ccna-certification/advantages-of-ccna-certification/

https://www.globalknowledge.com/us-en/training/certification-prep/brands/cisco/section/routing-and-switching/ccna-routing-and-switching/

https://www.globalknowledge.com/us-en/training/certification-prep/brands/cisco/section/routing-and-switching/ccna-routing-and-switching/

https://www.greycampus.com/blog/networking/10-reasons-to-get-a-ccna-certification

https://www.greycampus.com/blog/networking/everything-you-wanted-to-know-about-ccna

https://www.greycampus.com/blog/networking/everything-you-wanted-to-know-about-ccna

https://www.techrrival.com/prepare-cisco-ccna-200-125-exam/

https://www.urbanpro.com/ccna-certification/top-10-tips-for-ccna-routing-and-switching

https://www.workitdaily.com/benefits-ccna-certified

https://www.workitdaily.com/benefits-ccna-certified